河南大学商学院学术文库

管理科学系列

大数据驱动的协同制造机理及支撑技术研究

Research on Collaborative Manufacturing Mechanism and Supporting Technology Driven by Big Data

王 萌◎著

中国经济出版社
CHINA ECONOMIC PUBLISHING HOUSE
·北 京·

图书在版编目（CIP）数据

大数据驱动的协同制造机理及支撑技术研究/王萌著. --北京：中国经济出版社，2020. 10
ISBN 978-7-5136-6295-6

Ⅰ. ①大… Ⅱ. ①王… Ⅲ. ①制造工业-工业企业管理-研究-中国 Ⅳ. ①F426. 4

中国版本图书馆 CIP 数据核字（2020）第 162470 号

组稿编辑 崔姜薇
责任编辑 牛慧珍
责任印制 马小宾
封面设计 任燕飞

出版发行 中国经济出版社
印 刷 者 北京建宏印刷有限公司
经 销 者 各地新华书店
开　　本 710mm×1000mm 1/16
印　　张 13. 75
字　　数 170 千字
版　　次 2020 年 10 月第 1 版
印　　次 2020 年 10 月第 1 次
定　　价 68. 00 元
广告经营许可证 京西工商广字第 8179 号

中国经济出版社 **网址** www. economyph. com **社址** 北京市东城区安定门外大街 58 号 **邮编** 100011
本版图书如存在印装质量问题，请与本社销售中心联系调换（联系电话：010-57512564）

总　序

河南大学商学院具有悠久的历史，其前身是中州大学时期的经济系，设立于1927年，著名经济学家、社会活动家罗章龙、关梦觉等曾先后在此执教。20世纪80年代以来，历经财经系、经贸管理学院、工商管理学院等阶段，于2015年正式更名为商学院。在2012年教育部对全国115家参评单位的学科评估中，河南大学商学院一级学科工商管理专业名列第55位；在中国科学评价研究中心等单位组织的“2014—2015年度中国大学及学科专业评价”中，河南大学商学院的电子商务专业位居第8位。

改革开放以来，学院得到了快速发展。学院现有工商管理、管理科学与工程2个河南省一级重点学科；企业经济学、国民经济学和金融学3个二级学科博士点；工商管理、管理科学与工程、应用经济学3个一级学科硕士点；MBA、MPAcc、资产评估、物流工程4个专业学位硕士点；工商管理、市场营销、财务管理、会计学（含注册会计师方向）、人力资源管理、电子商务、物流管理7个本科专业；河南省科技厅软科学重点研究基地——河南物流与区域经济研究中心。学院现有教职工108人，其中专职教师97人，具有博士学位者50人，中国注册会计师7人，河南省创新人才培养计划2人，河南省优秀教师2人，河南省高校年度经济人物1人。

近年来，学院科学研究能力不断增强。“十二五”期间，获批国家社会科学基金项目、国家自然科学基金项目16项，教育部人文社科规划项目、河南省社会科学规划项目、河南省软科学项目等省部级以上课题50多项；学院教师在国内外重要期刊发表论文400余篇，其中在SCI一区、SSCI等发表和收录文章多篇，获得省部级各种奖励10余项。

学院师资队伍及其结构也发生了较大变化。通过引进和选留优秀博士生、鼓励青年教师攻读博士学位，以及推荐教师到国外访学等形式，较大地提升了教师的科研能力。一批青年教师在攻读博士学位的过程中，完成了具有较高学术价值的论文。为了加强对青年教师的培养，推动青年教师的科研工作，经过院党政联席会议研究，决定以“河南大学商学院学术文库”的名义资助这些青年教师将研究成果出版。

入选文库的选题都是我院教师攻读博士学位时的研究论文，内容涉及工商管理、管理科学与工程、金融学、电子商务、物流管理等多个学科，汇集了我院青年教师对经济学和管理学前沿问题的研究成果，具有较高的学术和出版价值。

河南大学商学院

2015年12月

P前言 reface

物联网、云制造、大数据等新技术为中国制造业的发展带来新的契机，制造企业在不断缩短制造周期和提高资源利用率的同时，更加趋向于任务、计划与制造过程的紧密协同，因此，协同制造机理、协同制造方法和协同制造支撑工具等已成为研究的热点。

本书针对制造企业在订单获取、生产运作、制造执行、过程控制、支撑工具等阶段的协作松散、生产周期长、资源利用率低等问题，突破开发大数据支撑工具集、主动制造、分布式生产计划、制造资源优化配置、柔性作业计划和动态调度等关键技术，研究基于大数据和知识融合的协同制造机理，实现复杂产品研制过程中数据、规划、运作、执行及控制等阶段的协同，提高资源利用率，缩短制造周期，满足均衡化生产的需要。

目录 Contents

第1章　绪论

第2章 规划层DOPR协同制造研究

第3章 运作层DOPR协同制造研究

第4章　执行层DOPR协同制造研究

第5章　协同制造知识发现方法研究

第 1 章

绪　论

1.1 研究背景与意义

随着以信息化带动工业化的《中国制造2025》的提出以及“十三五”规划顺利启航，先进制造产业成为国家制造转型至关重要的国家战略。先进制造业具有技术密集、附加值高、成长空间大、带动作用强等突出特点，是制造业的核心、现代产业体系的脊梁，也是推动工业转型升级的重要引擎。先进制造业发展水平的高低是衡量国家现代化程度和综合国力的重要标志，如何在大数据时代提升其制造能力，已成为增强产业国际竞争力的关键问题。高端制造业产品本身具有工艺专业门类众多、加工工艺难度大、制造流程长、零部件配套关系复杂等典型特征，涉及多产品、多部门、多业务之间的复杂协作。在大数据环境下研究协同制造模式、协同制造方法和协同制造工具等是当下的热点。

1.1.1 研究背景

1.1.1.1 工业4.0

2011年，德国政府给世界带来了一个新的命题——“工业4.0”（Industry 4.0），被认为是第四次工业革命，并且将工业时代的进程准确地划分为四个阶段，即：“工业 1.0”，“工业 2.0”，“工业 3.0”，“工业 4.0”。德国制造业认为“工业 1.0”是众所周知的以蒸汽机的发明与应用为代表的工业革命，“工业 1.0”使得纺织、冶铁和交通运输得到了巨大的发展；“工业 2.0”则是“电气革命”，电灯、电报、电话、发电机和内燃机等技术被广泛应用，人类从“蒸汽时代”跨入“电气时代”，汽车、石油和钢铁等行业得到巨大的发展；“工业 3.0”则以原子能、计算机和空间技术革命为动力，拉开了“电子信息时代”的序幕，推动了电子信息、医药、材料和航空航天等行业的发展。

“工业 3.0”时代，人们认为：制造业的兴盛取决于能否寻求到劳动力价格更低的地方，而最近全球性的制造业衰退否定了“工业 3.0”时代的看法。“工业 4.0”时代的到来要求制造业通过技术革命来增强自身的核心竞争力。德国的制造业在这场“工业 4.0”的革命中扮演着重要的角色。德国认为“工业 4.0”时代，应该通过制造企业的主动性去维持并提升制造业作为行业先驱的地位，去迎接制造系统新的挑战。在“工业 4.0”时代，制造业应该顺应时代潮流，更新制造技术，改变生存模式并创造新的商业模式和新的生活方式。“工业 4.0”的目标是实现更高水平的自动化，实现更高水平的操作生产力和效率，将物理世界与虚拟世界连接起来，它将给传统工业带来计算机化和互联互通。根据几位学者的研究，“工业 4.0”可以假定为基于异构数据和知识集成的信息物理系统（Cyber-Physical System，CPS），它可以被概括为一个可互操作的生产流程。通过大数据整合，调整、优化了面向服务的相关算法和生产相关的高技术，如互联网、物联网（Internet of Things，IoT）、物联服务（Internet of Services，IoS）、工业自动化、网络安全（Cyber Security，CS）、云计算（Cloud Computing，CC）和智能机器人。在生产方法中，Martin 等将“工业 4.0”定义为工厂中机器对机器的工件的智能流，机器之间进行实时通信。在这种环境下，“工业4.0”将使制造业变得智能和更具适应性，使用灵活和协作的系统来解决问题，做出最佳决策。它为专注于创造智能产品、智能流程和智能流程的工业场景带来了良好的发展前景。企业希望提高数字化水平，在数字生态系统中与客户和供应商合作。

1.1.1.2 大数据与大数据挖掘

如今，每天都有大量数据以前所未有的速度从各种来源（如卫生行业、政府部门、社交网络、营销系统、金融工具）生成，这是因为许多技术的应用，包括物联网、云计算的扩散以及智能设备的普及。在后台，强大的系统和分布式应用程序支持这样多的连接系统，如智能电网系统、医疗系统、零售系统（沃尔玛的系统）、政府系统等。在大数据革命之前，公司无法长期存储所有的档案，也无法有效地管理庞大的数据集。传统技术的存储容量有限，管理工具僵化，成本高昂。它们缺乏大数据环境所需的可伸缩性、灵活性。大数据管理需要大量的资源、新的方法和强大的技术。更准确地说，大数据需要清理、处理、分析、保护和提供对大量进化数据集的细粒度访问。企业和行业越来越意识到，数据分析正日益成为保持竞争力、形成新见解和提供个性化服务的重要因素。

与传统数据不同，“大数据”指的是包含异构格式（结构化、非结构化和半结构化）的大型增长数据集。大数据具有复杂的性质，需要强大的技术和先进的算法。因此，传统的静态商业智能工具在大数据应用的情况下已经不再有效。大多数数据科学家和专家通过以下三个主要特征（简称3Vs）来定义大数据：

- 海量（Volume）：数以百万计的设备和应用程序（信息通信技术、智能手机、产品代码、社交网络、传感器、日志等）不断产生大量的数字数据。McAfee 等估计，2012 年每天大约产生 2.5EB 的数据。这一数额大约每 40 个月增加一倍。2013 年，国际数据公司（一家发布研究报告的公司）估计创造、复制和消耗的数字数据总量为 4.4 泽比特（ZB），每两年翻一番。到 2015 年，数字数据增长到 8ZB。根据 IDC 报告，到 2020 年，数据量将达到 40ZB，较 2012 年增幅高达 400 倍。

- 速度（Velocity）：数据以一种快速的方式生成，并且应该快速处理，以提取有用的信息和相关的见解。例如，Wallmart（一家国际折扣零售连锁店）每小时从客户交易中产生超过 2.5PB 的数据。YouTube 是另一个说明大数据快速发展的好例子。

- 多样性（Variety）：大数据以多种形式（如视频、文档、评论、日志等）从分布式的各种来源生成。大型数据集包括结构化和非结构化数据、公共数据或私有数据、本地数据或远程数据、共享数据或机密数据、完整数据或不完整数据等。

Emani 等和 Gandomi 等指出，为了更好地定义大数据，一些参与者加入了更多的“Vs”特征：愿景（或称为目的）（Vision）；实证（Verification）：数据各单体处理的一些规范；验证（Validation）：目的是实现；价值（Value）：许多领域的相关信息可以提取；复杂性（Complexity）：很难组织和分析大数据的发展数据关系；不变性（Immutability）：如果是对企业或部门有效的数据，其收集和存储的相关大数据可以是永久性的。

由于从大数据中可以提取出相关的价值，不同国家的许多参与者已经启动了重要的项目。2012 年 3 月，奥巴马政府启动了大数据研发计划，预算为 2 亿美元。2012 年 7 月，在日本，大数据开发成为国家技术战略的重要抓手。联合国发布了一份名为《大数据促进发展：机遇与挑战》的报告，旨在概述大数据面临的主要挑战，并就大数据如何服务于国际发展展开对话。由于世界各地大数据项目的不同，许多大数据模型、框架和新技术被创造出来，以提供更多的存储容量、并行处理和对不同异构源的实时分析。此外，还开发了新的解决方案来确保数据隐私和安全。与传统技术相比，这种解决方案提供了更多的灵活性、可伸缩性。此外，由于可持续的技术进步，大多数硬件存储和处理解决方案的成本不断下降。为了从大数据中提取知识，人们设计和提出了各种模型、程序、软件、硬件和技术。这些基于大数据技术试图确保大数据应用的结果更加准确和可靠。然而，在这样的环境中，在众多的技术中进行选择可能是费时和具有挑战性的，应该考虑许多参数，如技术兼容性、部署复杂性、成本、效率、性能、可靠性、支持和安全风险。在许多大数据调查文献中，大多数人倾向于将各种算法和方法用于处理大数据，而不是技术。大数据挖掘虽然提供了许多有吸引力的机会，但研究人员和专业人员在探索大数据集以及从这些信息宝藏中提取价值和知识时，都面临着一些挑战。不同层面的问题有不同的难点，包括数据采集、存储、搜索、共享、分析、管理和可视化。此外，在分布式数据驱动的应用程序中也存在安全和隐私问题，通常泛滥的信息和分布式数据流超出了我们的控制能力。事实上，虽然大数据的规模呈指数级增长，但目前处理和探索大数据集的技术能力还停留在相对较低的 PB 级、EB 级和 ZB 级。

1.1.1.3 智能制造

制造业正在经历一场被生产和人工智能技术的进步所取代的变革，很多关于制造系统的讨论都集中在大数据和数字制造等术语上。毫无疑问，制造业产生的数据量正在增加，由于收集的数据量因其使用在不同的行业而不同，大数据所形成的规模和生产领域也有所不同。例如，在半导体行业中，收集大量数据是很常见的。然而，在大多数离散制造企业中，人们很难识别一个安装了十几个传感器的加工中心，在制造过程中产生的数据的利用率往往较低。一些研究机构已经在机床上安装了多个传感器，以研究产生的数据的效用，如振动、油温、压力等。一些制造业对在传统设备上安装传感器表现出了兴趣，但由于对数据驱动建模的研究有限，设备制造商一直不愿安装传感器。一旦从制造数据中得到的好处被充分证明，主流的离散制造行业很可能会遵循其他行业的数据收集实践。数据是在基于事务的监控和数据采集（Supervisory Control And Data Acquisition，SCADA）系统中收集的。这种实践不同于许多行业中使用的关系数据库中的数据存储。

现代制造业起源于 20 世纪 70 年代，计算机和机器制造技术的进步导致了制造业的自动化。今天的机床主要是由计算机程序而不是人工来操作的。根据生产车间的自动化范围和程度，以及不同功能生产区域的集成程度，材料和部件可以由自动材料处理系统运输，并存储在自动存储和检索系统中。自 20 世纪 80 年代以来，人们使用不同的术语来描述自动化制造，从柔性制造单元和柔性制造系统到计算机集成制造和智能制造。与此同时，日本开始了智能制造的研究，并于 1995 年建立了支持工业研究的智能制造系统（Intelligent Manufacturing System，IMS）方案。人们认识到，一个国家的工业无法改造制造业，需要国际合作。来自日本、美国、韩国和欧洲国家的大公司已经就制造业的未来展开了合作，其中日本积极参与的公司最多。在美国，IMS 的许多活动都是在新一代制造系统（Next Generation Manufacturing Systems，NGMS）计划的保护伞下进行的，该计划是非营利性企业建立的。后来，随着欧洲联盟在智能制造方面的研究努力，IMS 方案得到扩大。制造业正在发展，IMS 必将以不同的形式发生。近年来，物联网的概念引起了制造业界的关注。它侧重于将制造业的实体资产与网络空间整合，形成网络物理系统。这一新概念已被个别公司、工业财团、区域和国家所接受。智能制造却没有一个被普遍接受的定义。根据美国国家标准与技术研究院（National Institute of Standards and Technology，NIST）的研究成果，智能制造是完全集成的协同制造系统，能够实时响应工厂、供应网络和客户的需求变化和条件。

智能制造将当今和未来的制造资产与传感器、计算平台、通信技术、数据密集型建模、控制、仿真和预测工程整合在一起，利用了网络物理系统、物联网、云计算、面向服务计算、人工智能和数据科学等概念。一旦实施智能制造，这些重叠的概念和技术将使制造业成为下一次工业革命的标志。智能制造已经引起了工业界、政府机构和学术界的关注，各种协会和讨论组已经形成，以开发体系结构、路线图、标准和研究议程。图 1-1 智能制造系统的一般概念需要在非常具体的体系结构中进行转换，目前正在努力研发这种结构；总体概念是为了支持本书提出的思想，而不是提供新的企业体系结构。

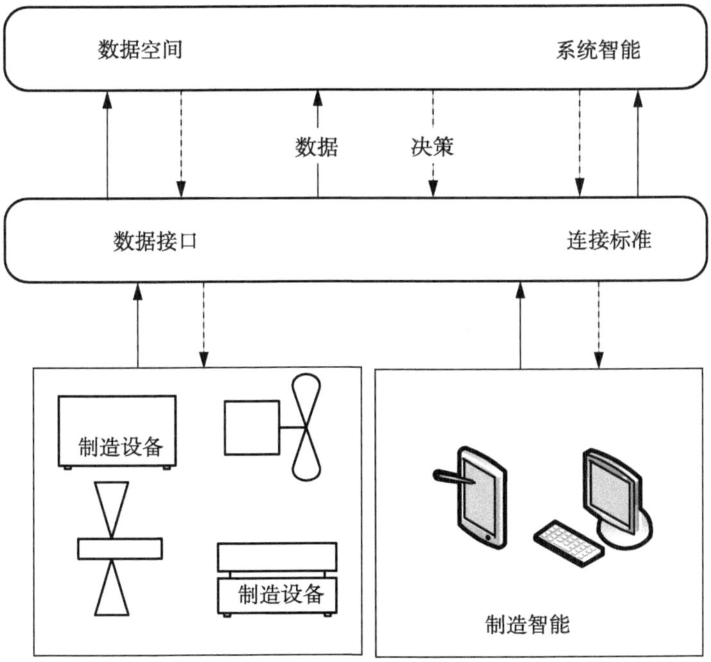

图 1-1 智能制造企业概念

智能制造的灵感主要来自计算机领域的概念。虽然制造业将继续受益于这些概念和其他将出现的科技技术（例如，量子计算可能是一个主要的影响因素），但它有自己的特性，下面将讨论六个支柱（见图 1-2）。最终的支柱将由未来的研究、技术发展和应用来定义，可以通过多种方式，包括将研究论文、行业报告和有关新技术的信息与文本和数据挖掘算法进行聚类。智能制造的六大支柱是制造技术与工艺、材料、数据、预测制造、可持续性、资源共享和网络。这六大支柱的名称和重要性一直在变化，它们在制造业的整个历史中一直存在。例如，数据一直是制造业不可分割的一部分。在智能制造时代，制造业数据已经成为大数据，具备大数据的基本特征。生产计划和预测在今天的数据科学预测工程之前就已经出现了。

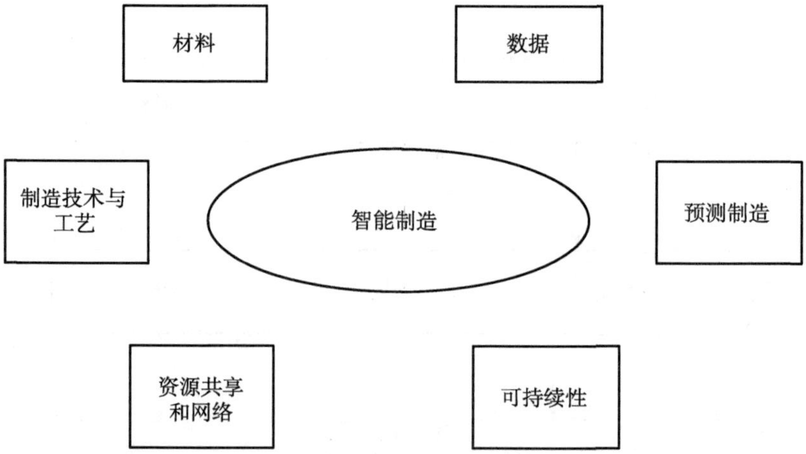

图 1-2　智能制造的六大支柱

支柱 1：制造技术与工艺。制造技术与工艺预计在未来几年出现。新的材料、部件和产品将会出现。增材制造可以作为新技术的一个例子，这种新技术促进了新材料的开发，影响了产品的设计和制造，并为生物制造等新应用打开了大门。制造工具被设计成集成各种操作的状态，例如能够水平和垂直铣削以及钻孔（加工中心）的机器。新的混合工艺将会出现，例如传统工艺和加法工艺的混合、激光和净形制造。将会出现更大的过程整合，例如新材料、产品设计、制造过程的整合，发现导致新药物和递送设备设计的化合物，以及药物和设备的制造。大、小区域的增材制造将在工厂中扩大其突出地位。新一代的低成本机器人将提高工厂的自动化程度。传感器和软件的能力将使新的制造设备更智能，更能适应工厂和其他地方的通信。

支柱2：材料。智能制造并不特别需要智能材料的发展，例如形状记忆合金或功能梯度材料。智能材料和智能产品很可能会走自己的发展道路。智能制造对所有类型的材料都是开放的，包括用于生产未来产品的有机材料和生物材料。在产品生命周期结束时从产品中回收材料的重要性将会增加。可以想象，垃圾填埋场将成为各种材料的新矿区。一些新材料将需要新的工艺，必须在智能制造中加以开发和整合。单是增材制造就将为寻找新材料及其混合材料做出巨大贡献。

支柱3：数据。我们正在见证制造业数据的复兴，其中一些是由传感器的部署、无线技术和数据分析的进展引发的。从材料性能和工艺参数到客户和供应商等不同来源的更多数据收集工作已经开始。这些数据将被用来支持任何预想的应用程序，包括构建预测模型。此外，它将是保存和提取与制造业有关的过去和新知识的最佳来源。

支柱4：预测制造。预测工程是制造解决方案领域的最新发展方向之一，它将带来一个预期的而不是反应性的企业。传统上，制造业关注于使用数据进行分析、监控和控制，例如生产力分析、过程监控和质量控制。六西格玛和其他数据分析概念对制造业产品和服务的质量进步产生了巨大的影响。然而，在很大程度上，传统的努力强调的是过去而不是制造过程和系统的未来状态。预测工程提供了一种构建高保真模型

（以数字表示）的新范式。这样的模型将允许探索未来的空间，其中一些在现有技术领域内，另一些在以前没有被发现。在未来，今天的模型将被有限范围的模型（如供应链的行为）和涉及多个系统的模型（如集成生产力、产品质量、能源和运输的模型）所丰富，以支持有关未来生产和市场条件的决策。这种大范围的模型可能有助于重组制造业。可以想象，有些制造业将高度分散，有些则可能集中。例如，对运输成本、上市时间和客户变化很敏感的产品可以在离客户很近的地方生产。

支柱 5：可持续性。在制造业中，可持续性将是最重要的。可持续性努力的目标是材料、制造过程、能源，以及消除制造业产生的污染物。任何主要的可持续性努力的切入点都是产品和市场。毫无疑问，最大的可持续性收益是在产品和过程的开发以可持续性标准为指导时实现的。可能的情景包括：①可持续的产品设计将推动制造；②可持续的制造过程将影响产品的设计；③同时开发可持续的材料、产品和过程。增材制造代表了第二种情况，在这种情况下，一个过程导致了组件和产品的新设计。可持续性不在于生产什么，而在于如何生产。它是为再制造、调整和重用提供与制造业同等地位的主要力量。由于可持续性，制造业和服务业之间的界限将依然模糊。例如，对使用过的产品进行翻新不是传统的制造活动，但是，它可以进入新的制造字典。

支柱 6：资源共享和网络。随着制造业变得数字化和虚拟化，许多创造性和决策活动将在数字空间中进行。虽然在某种程度上，数字空间可能是高度透明的，但拥有专有技术的实体制造资产将受到保护。这种数字—物理分离将允许企业间共享资源，包括相互竞争的企业。

制造业已经接触到服务和合同模式，生产在第三方操作的设施中进行。快速制造（3D 打印的前身）服务模式是几十年前建立的，这种模式没有流行起来的原因是技术成本高、利用率低和技术效用的不确定性。当前，共享资源模式已经取得了成功。共享资源模式起初旨在减少高速公路交通的共享出行，而后扩展到交通领域的优步（Uber）和住宿服务领域的爱彼迎（Airbnb）。智能制造也从这些概念中受益，共享制造设备、软件、专业知识，最重要的是，共享协作建模和创新空间。虽然租赁制造设备和共享商业软件的物流可以遵循现有的模式，但共享创意空间是一个挑战。将类似 Facebook 和维基百科（Wikipedia）的原则应用于制造业的各个领域并不容易，可能需要数十年时间才能实现。所有的共享交易都将在充满数字模型而不是物理资产的空间中完成。除了制造设备之外，运输也是一种有意义的资源，值得关注。在制造业中，运输分为两大类：内部运输，涉及特殊材料处理设备或各种轨道；外部运输，服务于供应和分销链。从制造会计的角度来看，运输通常被认为是一种非增值活动。这引发了一种想法，即将运输距离最小化不仅会降低成本，还会对环境产生积极的影响。机器人技术和自动驾驶汽车（从地面到空中）的发展将通过提高其自动化程度和共享程度来影响内外制造业运输。运输将是在区域和全球范围内改变制造业空间结构的一个重要因素。

1.1.1.4 信息物理系统

信息物理系统（Cyber-Physical Systems，CPS）被认为是未来工业系统发展的关键技术，它将计算和物理能力进行强力集成和紧密耦合。CPS 的应用实例可以在制造控制、能源系统、汽车和航空的电子系统、交通控制、医疗系统、合作机器人和智能建筑等领域找到。人们普遍认为，CPS 在制造业等领域的应用存在巨大的经济和社会潜力。

由于大多数 CPS 涉及大量组件的协作，所以明确地规划系统组件之间的关系并考虑与相关故障的相互关系的数量是一个很大挑战。在这种情况下，自动配置被认为是一种合理的方法，可以使系统在发生变化时具有可伸缩性和鲁棒性，并支持动态适应。因此，需要技术和方法来支持具有物理分布式资源的大型 CPS 的开发过程。模型驱动工程是一种软件开发方法，它利用领域模型作为解决方案，通过提高、抽象自动化级别和容易出错的任务来处理软件开发的复杂性。该方法被认为是设计 CPS 控制应用的一种有效的方法。模型允许用特定领域的软件描述来反映所开发系统的异构性，并可以作为主要的开发工件，这增加了软件的可解释性和可重用性。定义模型意味着比普通的面向机器的人工代码制品更人性化，软件可以用不依赖于底层平台或技术的概念来定义。基于模型的方法是有效的，可以用来开发一个自配置的 CPS。自配置是指响应环境中的更改而自动部署的系统配置。这个系统配置被分配给可用的硬件资源，例如由自主服务管理器分配，无须任何开发人员的配置。实现可靠的自动配置管理是成功应用即插即用组件必须解决的一个重要挑战，即插即用组件不需要任何特殊的初始化过程或复杂的人工干预就自动嵌入 CPS 中。通过使用自动配置代替手动调整控制软件，在提高软件质量的同时减少了工程时间和成本，这对于在大型网络中部署小型设备和节点维护尤其重要，例如传感器网络。

为了管理日益复杂的制造系统，可以使用知识表示的概念。未来工厂将通过在不同控制级别上使用基于知识的系统，来显著提高其自动化的反应，这个范围包括从生产订单优化到现场级自动化软件的重新配置。为了完成知识表示的任务，CPS 组件依赖于知识表示的环境，例如描述应用领域内的概念和关系的本体。本体被认为是一种管理知识的智能方法，使 CPS 组件能够在开放环境中对它们使用的通用概念的含义达成一致。将本体概念和显式语义相结合，使得控制软件可以理解制造系统本身的知识，为生产系统中控制软件的自动可重构性开辟了道路。如果将模型驱动方法与本体语义和形式推理的方法相结合，还可以进一步提高模型驱动方法的积极效果，为软件开发人员、系统集成商和最终用户提供最新的工具支持和帮助。此外，本体是可重用的、可扩展的和灵活的，这意味着在运行时定义模型之后，本体模型中的数据填充是可能的。这一特性使得它们在工业领域更加强大，因为系统模型是根据制造系统中发生的大量事件而不断变化的。

1.1.1.5 云制造

全球化是协同工作的主要驱动力，最近出现了几种信息技术，它们结合在一起，为产品开发的所有阶段提供了无缝协作活动。云计算（Cloud Computing，CC）就是这些核心技术之一，它以一种方便的即付即用的模式提供计算资源作为服务。提供计算机资源作为服务的概念可以被制造业采用，制造业资源可以作为不同的服务被提供，如设计即服务（Design as a Service，DaaS）、机械即服务（Machining as a Servic，MaaS）等。其他贡献和实现技术的例子有物联网、语义网、嵌入式系统和虚拟化技术。

云制造（Cloud Manufacturing，CM）是制造业社会化中出现的一种新范式。这个术语和完整的概念最初是由 Li 等提出的，但是关于制造即服务（Manufacturingas as a Service，MaaS）的核心思想在 20 世纪 90 年代早期就已经被提出来了。当时还无法预见这一概念的全部潜力，因为支持分布式制造协作的信息和通信技术（Information and Communication Technology，ICT）、工具和应用程序以及基于互联网的资源共享还未出现。作为一个高度复杂的制造方法的实施，仍然需要各个学科基础科学的发展才能支撑，进而实现资源共享的目标。CM 最突出和最有前途的特点是无缝、方便地共享各种不同类型的分布式制造资源，实现了 MaaS 的思想。它的工作原理是让供应商有效地组织和封装制造资源和能力，并将它们作为服务提供给消费者，这些服务在一个由操作者运行的制造云中，如图 1-3 所示。根据这个概念，企业可以从互联网上获取各种制造服务，就像在日常生活中获取水和电一样方便。

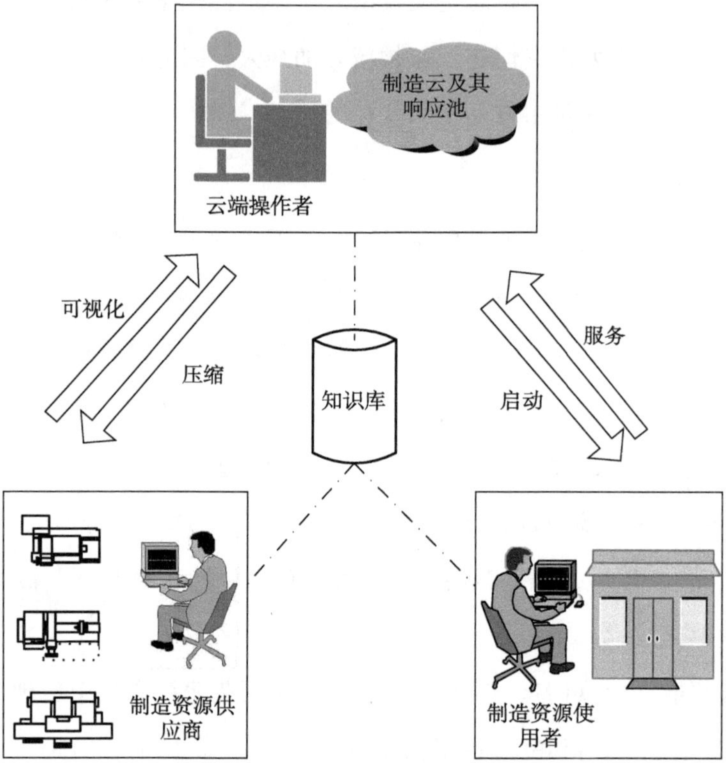

图 1-3　云制造基本概念

这意味着完全异构的制造资源可以由不同的用户共享，用于简单的任务以及复杂的全球协作制造任务。云制造是为了使制造能力服务化，来支持整个生产产品开发生命周期。这种云服务覆盖广泛，从分析市场和客户需求、资源规划、产品设计、仿真到供应链控制、生产、管理和维护以及产品回收服务活动。自从云制造的概念在几年前首次被提出以来，学术界和工业界对云制造的兴趣日益浓厚，研究出版物和研究计划的数量也在稳步增加。学者们已经发表了大量的文章，其中许多描述了云制造的使用可以实现并产生广泛的、有用的和有价值的效果。虽然云制造的概念很新，并且分布式、网络化和虚拟制造的概念已经出现一段时间，但是云制造还没有任何标准化的定义，也没有完全开发的云制造系统的问世。通过采用、结合和扩展这些新出现的技术，并与现有的先进制造模型和信息技术结合，便可以实现云计算和面向服务的制造模型。

1.1.2 研究问题与研究意义

由上述研究背景可知，我国先进制造业虽然已应用了物联网、移动互联网、云计算等先进的信息化技术，但仍面临装备制造产业总体上处于国际产业链和价值链的中低端水平的问题。为了使我国先进制造业在新一轮的竞争中脱颖而出，我国先进制造业应以大数据为依托，促进制造业各部门及企业间的深度融合，提高企业基于大数据的创新能力与智能化水平，推动先进制造业转型升级。先进制造企业在不断缩短制造周期和提高资源利用率的同时，更加趋向于工艺与制造过程的紧密协同，因此，协同制造平台具有很强的理论研究价值和工程应用前景。目前我国先进制造业逐渐认识到协同制造的重要性，航空、航天、装备等大型离散制造企业的需求非常强烈，尽管大量信息化软件，如 MES、CAPP 等，已经在先进制造企业广泛应用，但并不能够有效满足协同制造的现实需求。要在大数据的环境下让信息化与工业化深度融合在一起，通过充分挖掘在制造业积累的数据中蕴含的知识去支撑协同制造，使得制造企业的信息化达到智能化、智慧化。

随着 CAD/CAPP/CAM、MES 等数字化制造技术在先进制造企业的应用，我国先进制造企业在智能制造与协同制造方面也开展了大量的卓有成效的工作，但在物联网、大数据、云制造技术的冲击下，面向企业内部的协同与智能制造，尤其是计划部门、调度部门、生产准备部门之间以大数据支撑的有效协作，还存在许多问题。

（1）基于大数据的产品制造过程柔性不足

虽然并行工程、精益生产、计算机集成制造、敏捷制造、网络化制造等先进制造模式先后在我国先进制造企业得到应用，但由于现有高端制造企业组织结构层级过多，分工过细，部门之间、业务之间数据融合与相互协调困难，造成制造系统柔性较低，敏捷性不够，无法有效地进行复杂产品的协同制造，不能保证产品按需按质保量准时交付。

（2）资源配置不合理，利用率低

资源管理存在计划经济痕迹，生产准备只能按照人工经验进行，经常产生“准备的资源不用，要用的资源不在”等现象；资源控制没有与现场实际情况紧密结合，造成有限资源并未用在关键的、合适的、急需的环节，设备负荷不均，在制品、工装等库存居高不下；资源过程管理粗放，追踪困难，无法有效确定工序/零件/产品制造周期、物料/工装消耗定额、物料/工装安全库存等期量标准，难以指导资源的精细化管理。

（3）制造业大数据难以支撑协同制造

制造业大数据具有如下特点：拥有海量数据并包含内容丰富，产生“维度灾难”；数据信息量大，产生“多样化的数据”；先进制造产品流程复杂，产生的数据属性相互耦合；收集数据过程中数据质量差，往往含有很多噪声。制造业大数据的特点带来了如下困难：高维的制造业大数据拷问着分类算法的精度与效率；多样化的制造业大数据对分类算法提出新挑战；因素耦合对质量分析与改进提出了新要求；多种方法的混合才能去除噪声并完成质量分析与改进。

（4）缺乏实用有效的智能大数据协同制造支撑方法与工具

在传感器与大数据的支撑下，我国先进制造企业在信息化管理与数据积累上已经发生了质的变化。先进制造企业需要从大数据出发解决各部门、各零件、各人员在制造过程中的有效协同问题。我国先进制造业面对大数据的驱动还没有提出有效的处理大数据问题的支撑方法与工具，在大数据挖掘与知识发现上无法实现信息的有效处理。同时，现有先进数字化制造研究与应用虽然有较成熟的单项技术应用工具，但在应用中由于侧重单项技术的应用和信息集成，始终缺乏实用有效的协同制造模式的指导和统一的协同制造的支持。研究基于大数据的协同工具、协同方法及协同平台是当前我国先进制造企业亟须解决的问题。

本书针对先进制造企业在工艺规划、生产运作、制造执行、过程控制等阶段协作松散、生产周期长、资源利用率低等问题，通过研究数据（Data）、任务（Order）、过程（Process）、资源（Resource）四者之间的有效协同，实现任务均衡分配、过程柔性响应、资源优化利用的目标。在大数据驱动研究 DOPR 协同的过程中分规划层、运作层、执行层、数据支撑层四个层面研究制约先进制造企业协同性的关键问题，探讨基于 DOPR 的协同制造建模，规划以 DOPR 为核心的业务流程重构，研究 DOPR 驱动的协同制造机理，力争实现先进研制过程中规划、运作、执行及数据等阶段的协同，提高资源利用率，缩短制造周期，实现均衡化生产，满足先进制造任务智能化的需要。

1.1.3 研究思路与出发点

本书面向先进产品研制生产过程，以 DOPR 制造业大数据及相关工具为支撑，以规划层、运作层、执行层 DOPR 协同制造方法为核心，构建覆盖数据支撑、生产运作、制造执行、过程控制的整个制造流程。以协同制造方法与工具为支撑，研究基于大数据的协同制造机理，形成大数据环境下的 DOPR 协同制造，本书总体方案如图 1-4 所示。

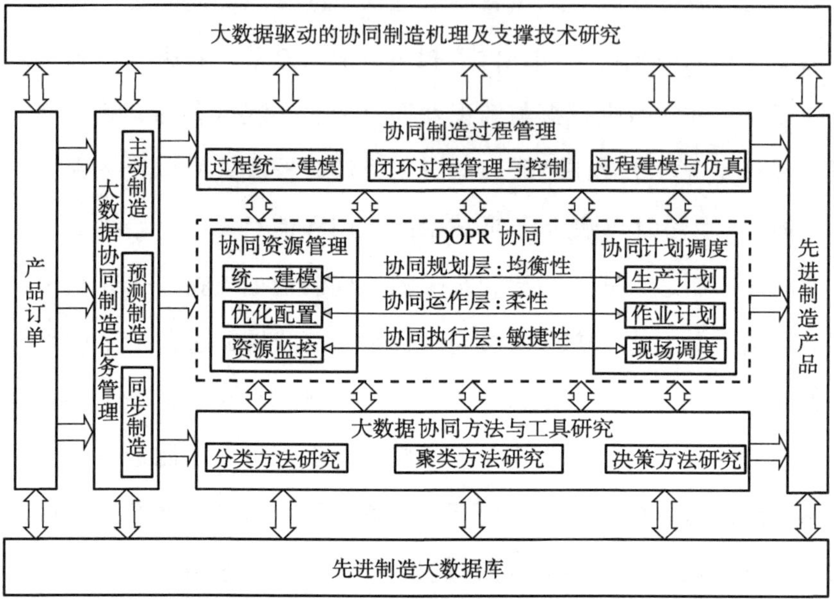

图 1-4　先进协同制造问题求解思路

在求解问题的过程中主要通过大数据方法与支撑工具解决三个主要问题：订单管理的主动制造、作业的动态与实时调度、制造资源的优化问题。订单管理主要体现了数据分析与挖掘中的预测与分类方法，作业的动态与实时调度体现了数据分析与挖掘中的决策方法，制造资源优化主要体现了决策与聚类方法。因此本书将主要需解决的三个问题分解到数据层中形成三个主要方法的研究，即分类、聚类与决策方法。这三种方法在大数据环境下又面临新的问题，如：拥有海量数据且包含内容丰富所产生的“维度灾难”问题；数据信息量大所产生的“多样化的数据”问题；先进制造产品流程复杂所产生的数据属性相互耦合问题；收集数据过程中数据质量差，往往含有很多噪声数据的问题；等等。因此，本书又引入“核”方法、流形学习的降维方法与集合论的等价子集的概念进行方法的改进。通过改进的分类、聚类与决策方法所形成的支持工具解决大数据环境下的 DOPR 的协同制造问题。

1.1.4 研究的应用前景与理论价值

本书形成的先进协同制造机理研究，以复杂产品的协同制造模式为突破，以先进制造关键零部件为对象完成工程应用验证，研发适合先进制造业的大数据支撑方法与工具，其成果可直接应用于各类先进制造的研制和批量生产工作中，如航空、汽车等行业，能够实现生产计划调度与生产资源的动态优化，提高现场发生事件的可见度和设备利用率，提高生产现场突发事件的快速响应能力，提高车间生产效率，实现生产运作的精细化管理，缩短制造周期，将有效促进我国先进制造业的协同化、智慧化和信息化。

- 提高设备利用率；
- 减少在制品库存；
- 缩短生产制造周期；
- 提出大数据协同制造研究方法与工具。

本书所研究的先进协同制造机理可在先进制造的研制和生产中应用，也可在航天、船舶、汽车、机械、能源、装备制造等其他行业和部门的复杂机械产品的制造中应用，有助于促进大数据信息化技术对传统制造技术的改造。

1.2 国内外文献综述

1.2.1 任务管理研究现状

1.2.1.1 任务调度管理方法研究概述

对于计划调度算法的研究一般从静态调度入手，这样对大规模生产车间调度系统的开发有一定的参考价值。最早的静态调度算法的研究是 Manne 开发的一种基于数学模型的方法。到了最近的 20 年里，Laporte 等提出了两个整数线性规划公式来解决作业排序和工具切换问题，其中“分支—剪枝”算法和“分支—绑定”算法得到了发展并经常被用来作对比。Asokan 等使用自适应遗传算法和粒子群优化来获得最优调度和存储分配。

工艺计划和调度一体化的概念是由 Khoshnevis 等提出的。在他们的方法中，车间里找不到一个给定零件特征的可行过程，这种情况下，应用实时系统一起生成工艺规划和进度表。在此背景下，Chen 等研究了一些集成系统的方法和算法的性能，Tan 进一步扩展了该方法。Mohapatra 等提出了一种改进的非支配排序遗传算法，以降低调度目标，如最大完工时间、成本、空闲时间和效率，实现了过程规划与调度的集成。Freitag 提出了一种基于仿真的多目标超启发式优化调度规则。Li 等指出，过程规划和调度的集成将朝着多目标、动态和混合算法应用的方向发展。Rajkumar 等针对以最大完工时间、最大工作负荷、总工作负荷、拖期和总流动时间为目标的多目标加工问题，采用贪婪随机自适应搜索算法将工艺规划与生产调度相结合，此外，还可以加入一些特别目标，如可持续发展等。Gahm 等建议为制造企业制定节能计划。

然而，静态调度无法处理产品批量小、品种多的情况，尤其是出现意外故障时。因此，有的学者提出了动态调度方法以解决静态调度的这个问题。动态调度使决策过程具有自动快速响应的特点，更适应现代的以传感器和红外射频（Radio Frequency Identification，RFID）为基础的数据采集设备。制造系统的实时调度包括调度和重调度。有些学者提出了一种基于多种实验和实践方法的重调度方法。在他们的方法中，介绍了两种常见的调度策略：动态调度和预测—反应调度。Zhong 等提出了一个作业车间调度模型，该模型将实时获取的数据与基于物理互联网的生产车间进行转换。Ham 等提出了一种三阶段柔性作业车间调度方法来处理不可预测的系统扰动。Iwamura 等提出了一种基于未来状态估计的全电子制造系统（Holonic Manufacturing Systems，HMS）的实时调度方法，在他们的方法中，使用基于神经网络模型的仿真模型来预测 HMS 的未来状态。此外，一些学者提出了一种基于代理的面向服务的实时车间调度体系结构。Yih 等将半马尔可夫决策模型应用于实时调度。Zhou 等将蚁群优化应用于两个动态作业调度问题。

对于实时调度，实时决策是关键，目前有很多算法。Metan 等通过构建决策树提出了一种实时选择调度规则的调度系统，采用仿真技术、数据挖掘技术和统计过程控制图技术相结合的方法；针对单机调度问题，采用贝叶斯算法从大量的结构化或非结构化数据中发现优先级调度规则。此外，Jain 等还开发了实时监测方法。Kohn 等提出利用实时 RFID 信息对制造系统进行修复控制的方法，通过在车间内应用 RFID 技术，可以实现对操作人员、机器、物料等对象的实时信息的自动获取、绑定且与生产订单同步。

根据文献，动态、灵活性和适应性是现代调度的重要特征，一个调度系统应该能够在发生意外事件时进行任务重排。然而，制造业的工作延误和故障却是不可避免的，仍然很难预测。尽管成果有限，但大数据分析为故障预测带来了曙光。在大数据研究方面，许多文献研究的工作重点是大数据在生产生命周期和供应链管理中的应用。Koksal 等将数据挖掘引入到质量改进中。Mavridou 等利用汽车行业客户数据进行数据挖掘并开发了大规模定制的推荐系统。Zhang 等提出了一种基于大数据的分析方法，用于产品生命周期、供应链管理和复杂产品的维护，其中使用了大数据分析和服务驱动的模式。作者调查了生产阶段的大数据，而这些大数据分析也被用于产品生命周期管理。Chen 等提出了一个综合模型，将 K-means 聚类、特征选择和决策树方法整合成一个评价模型用以解决供应链中供应商的评价问题。Zhong 等回顾了服务和制造供应链管理中使用大数据技术的现状，包括数据收集、数据传输、数据存储、处理技术、大数据决策模型、大数据解释和应用六个方面的挑战、机遇和未来展望。Babiceanur 等回顾了相关研究，他们认为大数据分析将被用于信息物理制造系统。此外，Zhong 等提出了一种用于发现物流轨迹的大数据方法。该方法利用 RFID 作为工具建立数据仓库，将抽象数据转化为有意义的信息，并在此基础上针对不同的制造目标制定要挖掘的知识和相关的指标。Woo 等为制造系统开发了一个大数据分析平台，以创建特定目标机床的预测模型。综上所述，大数据分析在制造行业已经得到了广泛的应用，其中故障预测在车间调度中表现出很好的潜力。当前的任务调度主要关注加工资源的可用性，而不是调度后可能出现的错误。在预测中，加工任务、加工资源和加工过程由数据属性表示，根据车间现有的数据，挖掘潜在的故障/错误模式，包括加工错误、机器故障和维护状态，以发现加工前不合适的调度安排以及加工过程中即将出现的错误，将数据表示的任务与挖掘出的错误模式进行比较，计算其相似性或差异性，根据计算得到的相似度，可以得到计划任务或当前加工任务的故障概率，为任务的调度和重调度提供决策参考。

1.2.1.2 基于传感技术的任务管理方法研究概述

IBM公司在2010年发布的《未来的智能供应链》中指出，智能供应链是仪表化、互联化和智能化的。为了实现这个目标必须做到信息的可见性和透明性，以及供应链运作中的决策绩效的实时改进。作为先进制造业同样面临着全球竞争和不可预测的需求波动，先进制造业为了提升产品品质，应对供应链管理，亟须使用智能化与智慧化的管理平台与管理方法。智能化与智慧化的制造平台能够使先进制造业的管理与生产具有较强的柔性与应对复杂环境的能力以面对当今变化的全球环境，如今年的新冠疫情。

制造企业已经开发和实施了各种信息系统来增加信息的可见性和透明性，这些制造系统中的生产数据的准确性依赖于生产数据获取和监控的有效性与实时性。先进制造业中的生产数据采集主要来源于实时的生产、加工数据条形码扫描和 RFID 技术的应用。由于 RFID 设备与标签的成本问题，许多企业还采取条码扫描的流水卡形式，往往导致数据不完整、滞后，在生产环境复杂的先进制造企业车间里，条码标签容易起皱或弄脏。因此需要更有效的数据采集方法帮助先进制造业在复杂、长期的生产线上实时地采集生产数据，以帮助生产车间的管理者进行管理与决策。由于很多先进制造企业工艺流程复杂，生产系统需要保密，并且大多属于国有企业，生产与制造过程中的数据多用于记录或者旨在促进各种业务操作和指令，数据未能体现出实时性，因此这些数据虽然数量庞大，却不能为企业提供生产决策，生产决策依赖于生产管理的经验和主观评价，很少是最优的，如生产计划调度。

现有的数据采集和监控系统安装在每个工厂中，该系统可以从生产前线收集大量的实时生产数据。然而，这些丰富的数据主要用于工资记录和简单的生产报告，无法在生产管理中促进有效的生产决策的产生。针对这个问题，学者们在生产调度领域已经发表了大量全面的综述，包括许多调度问题：单机调度，并行机器调度，作业车间调度，流水车间调度，柔性制造系统调度和供应链管理。

以前的研究将它们的范围限制为单独的生产单元（如机器、车间或工厂）中的独立调度问题，其中每种类型的生产单元对应一个管理级别。因此，调度问题在每个管理级别分别独立地进行研究。在现实生产中，不同管理层次（如公司和工厂）的生产调度决策是建立在相关依赖和相互作用的基础上的。在一个分布式制造企业的多个管理层次上的生产调度问题并没有同时基于一个整体企业视角去制定，而实时的数据能够部分解决这个问题。在分布式的制造环境下，需要建立一种基于实时的生产数据的调度机制，为现实生产调度问题提供有效的调度解决方案。

大多数生产调度问题是不确定性多项式的时间困难问题。先进制造业产品结构复杂、设计标准化程度低、零部件数量庞大，属典型的大型复杂产品。先进制造业具有工艺门类专业且众多、加工工艺难度大、制造流程长、零部件配套关系复杂等典型特征，涉及多产品、多部门、多业务之间的复杂协作，属典型的单件小批量生产方式。这些特性不可避免地增加了生产调度问题的复杂性，传统的方法，如模拟、数学规划和启发式方法，不能解决这些复杂的问题。由于智能优化算法具有搜索全局最优解的潜力，在处理调度问题中得到了广泛的应用。

尽管当前中国先进制造业迫切需要提高生产可视性和调度性能，但以往相关研究普遍有限。在涉及材料和外包生产的多工厂的分布式制造环境中，还没有从整体的角度对生产调度问题进行研究。云技术和智能优化技术可以分别处理分布式生产监控和复杂的生产调度。因此，一种基于 RFID 技术、云技术和智能优化技术的有效决策支持方法是目前研究的重要方向。这种方法可以提供有效的实时远程生产监控，以及针对具有多个分厂的先进制造业产品生产环境问题给出有效生产调度解决方案。

1.2.1.3 网络制造任务管理概述

随着产品生命周期缩短及网络化制造的到来，为了应对当今激烈的竞争，制造业产品需要实现高度的多样化和定制化以满足“工业 4.0”的需求。为了达到这样的要求，制造企业的综合生产计划与调度系统发挥着至关重要的作用。制造企业的制造过程将制造和管理范式从严谨的确定性生产变为更加灵活的、敏捷的、动态的、自我适应的协作生产。满足这一需求的最佳方案是通过网络化制造（Networked Manufacturing, NM）进行集成生产、计划和调度。Liu 等将网络化制造定义为一套从市场控制、制造技术到制造系统的制造活动，可以帮助企业提高企业管理水平，增强企业在市场中的竞争力。因此，研究和分析网络化制造已成为必然趋势，网络化制造的优势有很多，如缩短生产周期、缩短交货周期、具有更好的互动性、维护生产的灵活性。这种制造模式需要适当的技术支持来实现，这些技术支持包括集成化、互动化和数字化，以满足以上需求并最终实现企业升级的目标。

虽然传统制造的单目标方法有其自身的优势，但是在目前“工业 4.0”高度动态变化的制造环境下，单目标方法还远远不够。与传统制造方法相关的问题已经被清楚地表述为：单一目标的作业调度大多数并不考虑计划、实施和资本投资问题，只专注于全面或非渐进地形成制造单元。为了克服这个问题，研究人员已经认识到，有必要将功能和手段结合起来，以实现更好的系统性能，而集成这两个活动需要以网络化制造与协同制造为基础。

传统的基于集中式或层次化控制架构的车间控制系统无法满足制造系统的自适应和自主控制要求。因此，控制体系结构正逐步向分布式、分散、自主控制（Distributed，Decentralized and Autonomous Control，DDAC）体系结构转变。DDAC 车间控制系统可以进行完全的局部自治与控制，具有可重构性、可扩展性和容错性，以适应“工业 4.0”需求下的动态变化的环境。为了在不同设施之间实现成功的信息和知识交换，需要互联网技术、通信技术以及物联网技术（Internet of Things，IoT），通过物联网可以将所有设施连接起来。一些关于计划、调度和系统集成的关键文献综述中，研究重点主要集中在学习方法和其他基于人工智能的方法方面，如基于多代理系统的方法、基于仿真的方法等。

在网络化制造中，作业请求来自具有竞争关系的不同客户，即作业调度集中于满足每个作业的个体目标。在网络化的制造环境中，具有不同功能的机器分布在不同的地理位置，以执行产品制造的各种操作。网络化制造作为一种新型的先进制造模式，顺应了知识经济和全球制造环境的发展趋势。在网络化制造环境中，生产方式由“制造—库存”模式向“制造—订单”模式转变，客户主动参与，向制造系统提交作业请求，这往往是高度定制化的。网络化制造系统可以定义为一个以制造为导向的网络，利用互联网和其他相关技术来满足分布式制造环境的需求。它能够封装制造企业的信息，并提供制造服务，从而实现企业之间的互操作性。网络化制造环境在许多方面与传统制造环境不同，关于网络化制造的总结信息如表 1-1 所示。从表 1-1 中提供的信息可以看出，要实现适当的网络化制造，需要一系列基本功能。

表 1-1　网络化制造系统的功能

功能	描述
系统监控	由智能系统完成的监控，使系统更加动态和高效
信息咨询	来自管理团队、专家和云的输入数据
制造服务	当前服务完成或导致延迟时能提供的制造云中的可用服务
生产计划及调度	生产过程或制造过程中排产、控制和优化工作以及工作量的过程

正如 Li 等所提到的，在传统的制造系统中，工艺规划和调度函数的目标是获得所有作业的最优结果，这与单个作业的最优结果是不同的。在网络化制造问题中，由于不同工作之间的竞争因素所起的作用，工艺计划和调度的目标与传统制造业略有不同。在传统的制造业中，与工作相关的机器被定位并限制在一个单独的车间或企业中。但在网络化的制造工作中，机器分布在全球不同的车间或企业，这样物理距离更远。由此可知，网络化制造的情况与柔性制造系统中的情况类似，许多可能的机器、操作都是有效的制造资源，但不在同一车间。换言之，在网络化制造的场景中，在几个动态约束条件下，如机器的现状、工具和夹具在给定生产的地方，为每个工作计划所产生的最优过程设计开发适当的综合生产计划与调度系统结构才是真正的挑战。

近年来，综合生产计划和调度（Integrated Production Planning and Scheduling，IPPS）在制造领域扮演着重要的角色，特别是在“工业 4.0”中，在许多方面都对当前新兴的制造范式起着重要的作用。工艺规划和调度问题被认为是一个 NP 困难（Non-deterministic Polynomial Hard，NP-Hard）问题，因此没有算法能够在多项式时间约束条件内提供精确的解答。一般情况下，制造系统中 IPPS 的求解主要采用三种方法：非线性过程规划（Nonlinear Process Planning，NLPP）、闭环过程规划（Closed Loop Process Planning，CLPP）和分布式过程规划（Distributed Process Planning，DPP）。这些方法及其特征、优点和缺点的详细描述如表 1-2 所示。

表 1-2 IPPS 的不同方法及其特征和优缺点

编号	方法	特征	优点	缺点
1	NLPP	1. 存在可供选择的过程计划并可以灵活地安排生产 2. 可以改善离线调度性能以便快速对车间里的事故做出反应 3. 从生产过程、计划规划来看信息流是单向的。集成制造功能，可能取得意外的最佳结果 4. 根据实时车间状态从许多可供选择的调度中排除不可行计划 5. 将复杂的可分配资源分配给可执行的计划	提供所有可选流程计划，增强了计划的灵活性，因此实现过程计划最优或接近最优结果	提供了所有的选择零件的工艺计划，使调度结果有无数种
2	CLPP	1. 每个过程计划是基于目前车间的可行条件生成的 2. 需要实时的制造信息系统进行处理 3. 过程计划和调度部门必须改变重组，充分利用优势 4. 由于获取真实生产时间信息的能力有限，需要升级硬件和软件 5. 优化的解空间是有限的	根据目前的车间状况，所有生成的过程计划是有价值的	需要当前进程计划数据的实时信息。每个制定计划的进度计划难以再生，难以更新流程
3	DPP	1. 可以在实现流程集成计划和调度功能时不产生多余的过程计划 2. 能够并行处理计划和调度 3. 由于获取真实生产时间信息的能力有限，需要升级硬件和软件 4. 在合理的时间内找到解空间内的可行解较为困难 5. 过程计划和调度组织的部门必须根据需求重新组织	可以协作、整合和调整	集成方法是分层的，同时优化工艺计划与生产计划是困难的

综合生产计划和调度功能方法背后的基本思想是由 Chryssolouris 首先提出的。Sundaram 等提出了一种作业车间环境下的组合调度算法，该方法能使最大完工时间最小化，使机器负载均衡。随后，Seethaler 等通过集成化方法提高了制造系统的性能，使得涉及制造功能集成的几个

问题得到了妥善解决。在他们的工作中，引入了一个动态反馈机制来有效地协调各种资源。该机制反映了生产计划和调度功能对系统性能的显著影响，减少了延迟部件的数量、总延迟和流动时间。Wang 等提出了一个集成模型，并提出了动态反馈系统的概念用于寻找网络化制造系统的可选流程计划，通过这种方法，提高了制造系统的灵活性。Cai 等的研究指出，使用 NLPP 方法时，由于其为单向信息流，将过程规划和调度集成在一起无法获得最优结果。如果零件数量巨大，它们的可选工艺方案的数量会呈指数增长，这可能会给数据存储带来巨大的计算负担。此外，由于制造环境是实时动态的，其中一些工艺方案是不可行的。Shafaei 等介绍了基于 IPPS 方法的柔性计划模型，该模型通过考虑可用的制造资源来选择合适的工艺计划。在该研究中，Shafaei 等成功地实现了反应性重调度方法以满足在车间发生的扰动。Lee 等提出了一种基于仿真的 IPPS 遗传算法。在他们的工作中，研究者没有创建可选的工艺计划，而是使用代理算法进行接近最优的过程计划选择。以最大完工时间和最迟完工时间为指标，执行最短加工时间和最早交货期等调度规则。结果表明，与随机过程规划选择操作相比，最大完工时间缩短了20%以上。Kumar 等在计算机辅助工艺规划中提出了一种在线调度方法，用于确定作业车间调度问题的流程时间和一些延迟作业。随后，在类似的问题中，Kumar 在分配操作给机器时考虑了机器的容量和成本，他们将 IPPS 方法与他们开发的决策支持系统一起使用，对零件加工也进行了处理。

Zhou 等提出了一种基于遗传算法的作业车间调度方法，以改善作业车间调度目标，例如最小化最大完工时间、最小化次品数量、最小化加工成本等。通过考虑平衡每台机器上的负载，对上述工作进行了扩展。针对这一问题，提出了一种有效的粒子群优化算法（Particle Swarm

Optimization，PSO）。Li 等开发了一种基于遗传算法的两层染色体表示法，用于替代工艺计划和调度计划。利用这种有效的遗传表示和操作方案，采用 IPPS 方法求解最大完工时间的最短工件车间调度问题。在此研究中，他们还证明了集成方法比传统方法的性能要好得多。随后，他们对遗传算法进行了改进，提出了一种混合遗传算法，通过禁忌搜索来解决 IPPS 作业车间调度问题。为了使最大完工时间最短，他们提出了一个三层结构的加工计划、排程和机串表示方法。Moon 等提出了拓扑短测试技术，通过改变订单大小、操作次数和资源选择规则进行不同的实验，通过优化最大完工时间来提高供应链的性能。从多种工艺方案中找出可行的工艺方案的维护成本是非常重要的。有些学者的研究提出了一种基于模拟退火算法的批量生产的 IPPS 方法来寻找棱柱形零件的最优工艺方案。在他们的方法中，延迟和维护过程计划的成本被联系起来。从研究结果来看，通过降低过程计划的成本，作业的延迟明显得到了改善。Haddadzade 等提出了一种 IPPS 方法来处理作业车间环境中复杂棱柱形构件的操作问题，使到期时间和成本最小化。Baykasoglu 等实现了一种 IPPS 方法，使用通用的过程计划方法来生成可行的过程计划，并使用基于调度规则的启发式方法来生成可行的计划。为了优化流程时间和成本等性能指标，采用了基于多目标的禁忌搜索算法。结果表明，工艺方案灵活性的提高降低了工艺方案的成本。Rajkumar 等提出了一种多目标贪婪随机自适应搜索算法，在柔性作业车间环境下，使最大完工时间最小化，使总工作量、总流动时间和总延误最大化。该方法已用于测试四个基准数据集，并证明了其解决 IPPS 问题的能力，在整体制造系统的背景下被强调用一个 IPPS 方法来平衡所有机器的负载。Nakandala 提出了一个基于全球汽车公司供应链环境的制造和分销网络的集成方法。研究者发现，通过集成方法，单个网络的接口被消除。另外，他们还指出，为了进一步改进供应链网络，集成方法具备灵活性、可视性和可维护性。

1.2.2 车间作业管理研究现状

作业车间调度或作业车间问题（Job-shop Scheduling Problem，JSP）是一个多目标优化问题，其中各种制造作业在特定的时间分配给机器，同时尽量使最大完工时间最小化。生产调度的优劣直接影响着生产系统的生产效率和生产成本，因此作业车间调度算法是目前运筹学、计算科学、工业工程领域研究的重要内容。JSP 问题通常是一个 NP 组合优化问题。现有的集中调度和半分布式调度优化方法在对问题进行规模扩展时，在计算稳定性和时间上都面临着很大的挑战。在“工业 4.0”环境下，调度应该处理的是一个以大规模定制生产、信息物理系统（Cyber-Physics Systems，CPS）、大数据、物联网（Internet of Things，IoT）、人工智能（Artificial Intelligence，AI）、数字孪生（Digital Twin，DT）、SMAC（社交网络、移动通信、分析及云）等新兴制造技术为支撑的智能制造系统的优化问题。调度研究需要向智能分布式调度建模与优化方向发展。为了将传统调度转化为智能分布式调度（Smart Distributed Scheduling，SDS），应研究的问题有：

（1）传统调度方法和技术在智能分布式调度中是否可以组合和重用？

（2）智能分布式调度需要哪些新的方法和技术？

因此，本书首先回顾了针对第一个问题的现有研究，并讨论了智能分布式调度未来的研究方向，以减少集中式调度的复杂性，支持智能制造系统。

调度包含了确定车间资源的分配。为了更早和更广泛地解释调度模型的不同方面，出现了一些著名的研究，如 Graves、Floudas 等以及 Floudas 等。工厂调度也有不同的分类方法。调度可以根据生产来源的需求、机床数量、生产系统的复杂性、性能指标、生产环境的特点、操作的加工特点和资源约束进行分类；可按生产需求涉及车间和资源约束的来源进行分类，如机床、性能指标、生产环境的特点、处理业务的特点。在问题中加入更多的特征和约束，其问题空间（或结构）将变得更加复杂。对作业车间调度问题进行重构，并对作业车间调度模型的基本类型、多机器类型、多资源类型、多工厂类型和智能工厂类型重新分类，从而对作业车间调度模型的本质和主要特征有一个大致的认识。

（1）虽然作业车间调度模型的基本类型是四种类型中最简单的，但大多数基本 JSP 仍然是 NP 问题。在这种模型中，指定的操作在指定的机床上进行，不能选择更多的机床。采用优化算法或多目标优化算法，使最大完工时间、成本或两者同时最小，从而得到最终的最优操作序列。

（2）柔性作业车间调度（Flexible Job－shop Scheduling Problem，FJSP）模型是一种先进而复杂的 JSP，可以选择机器进行部分或全部的操作。如果可以在操作中选择所有的机器，则称为完全 FJSP（Complete FJSP，C-JSP）。如果只有一部分机器可以在操作中选择，那么就称为部分 FJSP（Part FJSP，P-JSP）。多目标优化算法一般能在机器负载均衡的情况下实现最小完工时间和最小成本。然后，得到所选机器的操作序列。目前，大多数调度算法都集中在 JSP 和 FJSP 上，尽管它们的结构与实际的制造系统相去甚远。

（3）多资源的 FJSP（Multi-resources FJSP，MrFJSP）模型：针对一个 FJSP 模型，当考虑到多资源时，将其称为具有多资源的 FJSP 模型或多资源 FJSP 模型（MrFJSP）。作业车间的生产能力受到机器、工具、模具、夹具、操作工、车辆、机器人等制造资源的制约。一台机器可能用于某些操作，但对于调度来说，它仍然受到其他可用资源的约束。调度必须一次分配不同的可用资源，包括机器和其他资源，这显然比FJSP更复杂、更动态。除了FJSP的输入和约束外，车间资源信息和布局信息也是模型的输入和约束。调度的目的是在每台机器上生成作业的操作序列，以实现约束条件下某些参数的优化。通常采用多目标优化算法来实现资源转移时间最短的FJSP目标。这类模型可以看作是FJSP和JSP数学模型的扩展，如：Lin等使用析取图建立统一模型，其他学者使用通用解析数学模型。

（4）基于MrFJSP模型的多工厂（Multi－plants－based MrFJSP，MpFJSP）模型：当考虑多工厂和多工厂之间的运输时，就变成了多工厂和多运输的MpFJSP模型或MrFJSP模型。这种模型是目前调度模型中最复杂、最动态的模型。由于不同的资源管理模型和动态重调度，集中式调度很难得到最优解。此外，它必须是最灵活和适应的，因为任何异常的变化和干扰都可能会影响所有其他车间。因此，该模型可视为半分布式调度模型。也就是说，它几乎是一个集中式调度模型，只是当重新调度被用来满足工厂之间的动态需求时，它会变成一个分布式调度模型。在多工厂环境中，总是使用代理来处理工厂之间的协作调度。在一个工厂中，它与多资源环境相同，否则MrFJSP中的输入和约束也涉及多工厂供应链、提货和交付。MrFJSP采用多目标优化算法求解车辆的最小完工时间、成本、延误和行驶里程，然后获得具有选定机器和跨工厂资源的操作序列。

上述四种调度模型均集中于集中式调度和半分布式调度。这些类型的调度很难快速响应分布式制造系统中相关元素的实时和动态变化。对于NP困难问题，如果同时发生实时动态更改，则重新调度将花费更多时间，并且通常需要更长的恢复周期，制造过程将受到严重干扰。实际上，这些变化随时都可能发生，如紧急事件、新订单、取消订单和机器故障。因此，对大规模定制和自适应制造进行调度是必不可少的。但是，即使在一个工厂，整个系统也不可能被不断地打断。那么，由于具有自组织、自学习、自决策特征的智能 agent 确实可以调度自己的进程，因此，未来需要具有智能分布式调度的智能工厂，而车间调度算法需要做进一步的优化。后面，本书将介绍调度优化算法。

调度优化算法分为两类，分别是单目标/多目标算法和分布式优化算法。对于传统的调度问题，JSP、FJSP、MrFJSP 和 MpFJSP 主要集中在半分布式调度问题上，可以通过单目标/多目标优化算法来解决。SFFJSP（MpFJSP with Smart Factory）下的未来作业车间调度问题是一个智能的分布式调度问题，需要使用分布式优化算法来处理。事实上，在一个智能分布式调度问题中，系统被划分为若干局部子系统，每个子系统根据相关的智能代理构建自己的结构。也就是说，最初的问题可以分解为不同的更小、更灵活的并行子问题，这些子问题可以单独处理，我们使用单/多目标优化算法可以比集中调度算法更容易解决调度系统的子问题，并且能够实现使用更少的时间获得更好的解决方案。解决传统作业车间调度问题的方法有很多种，许多学者也对这项工作进行了总结，如早期的学者 Jain 和 Meeran 对各种早期算法进行了分类、介绍和比较。近年来，由于智能算法的发展，大多数的学者，如 Ju（2007）更加注重智能算法，使用了超启发式算法和一些特殊形式的 JSP。调度优化算法主要分为精确优化方法和近似优化方法。精确优化方法包括有效规则方法、数学规划方法、分支定义方法等。近似方法包括构造方法、人工智能、局部搜索和启发式算法。在“工业 4.0”环境下以智能工厂为导向的调度中，智能 agent 或智能体成为主导因素，使得以前的集中式调度系统可以被多个相连的智能调度 agent 所取代。对于单个 agent，调度的复杂性大大降低。因此，在特定的情况下，很有可能再次回到以前使用小规模调度的方法。这就是为什么本书仍然总结了各种方法，包括目前的和早期的方法，以便在未来的智能制造系统中发挥不同方法的优势。

目标约束算法的目的是通过变量和启发式规则来选择变量和分配可能的值，并且应用约束来确定整个搜索空间的顺序和序列，从而在搜索过程中减小有效搜索空间的大小。尽管基于目标约束的启发式搜索算法属于人工智能领域，但许多 JSP 的约束满足方法都采用了分支定义的搜索算法，这是一种对称的树搜索算法。Simon 等提出了一种二维的神经元 Hopfield TSP 类型矩阵和编码策略来解决 JSP，该方法可以最小化每个作业最后一次操作的所有开始时间的总和。Akyol 等对神经网络（Neural Networks，NNs）在调度问题上的应用进行了广泛的文献综述，并根据不同的结构将其分为四类：Hopfield 型网络（Hopfield type Networks，HNN）、多层感知器、基于竞争的网络和混合方法。许多文献将 HNN 用于求解静态调度问题，如 Fnaiech 等将其应用于求解联合生产和维修调度问题。然而，在实际的 JSP 中很难使用它，因为所涉及的变量非常大，导致了各种各样的问题，如：计算效率较低，而且可能无法收敛到高质量的解。

BP 神经网络是一种多层前馈网络，被提出后迅速得到了广泛的应用。BP 神经网络不直接参与优化，它对输入层和输出层使用训练数据集，并通过反向传播算法进行训练。在训练之后，网络的应用只涉及前馈阶段的计算。这些网络的性能一般由其泛化能力和泛化精度决定。一般的竞争人工神经网络由输入层和竞争层的神经元节点组成。输入层的每个节点都要建立连接权值，以便连接到竞争层的每个节点。然后，竞争层中一个节点的输入值之和与相邻节点的输入值之和相竞争，最极端的一个称为赢家通吃节点的输出信号则为非零。基于以上所描述的过程，一些研究人员研究竞争网络来解决调度问题，通过优化和分类的手段使得问题更有效和简单。Min 等将该网络应用于 Kohonen 学习规则的训练，并开发了一个多目标调度程序来选择初始变量的调度规则以满足最终目标。专家系统和基于知识的方法由知识库和推理机制组成，知识库包括许多规则、过程和启发信息，利用推理机制选择一种策略来处理知识库中的知识。比较著名的专家系统有 ISIS、MPECD、OPIS、SONIA 等。由于单个专家系统的容量有限，一些学者提出了并行或分布式策略来解决调度问题。Van Dyke Parunak 提出了一种柔性制造系统的动态研究，该研究采用多智能体结构的分布式决策方法进行。Chen 等研究了多 agent 的生产线调度问题。

在单一的人工智能算法被提出来之后，一系列面对不同对象的改进算法随后被提出，如 Pesch 等、Sadeh 等所提出的算法。随后的研究将这些方法成功地应用于车辆的排序、规划过程和路线规划中。更多关于约束条件的启发式算法在不同领域都进行了应用。Bartak 等综述了线性规划和作业调度中的多约束条件的优化技术。近年来，在人工智能方法中，只有人工神经网络方法得到了大幅的发展，但人工神经网络方法也需要与其他方法相结合形成混合方法来克服它的一些局限性。在混合方法中，一种方法是主要的问题解决者，另一种方法是辅助解决者。神经网络可以看作是神经网络和进化搜索过程的结合，这两种方法将它们的功能混合在一起，以更有效地处理问题。改进的人工神经网络技术与其他混合方法不同。人工神经网络的改进方向通常基于 3 个因素：连接权值、结构和学习规则。Adibi 等提出了一种基于变邻域搜索和人工神经网络的动态作业车间混合调度方法来处理随机到达作业和机器故障。

Xanthopoulos 等利用 BP 神经网络来近似动态排序优先级规则与生产系统性能指标之间的函数关系。训练后的 BP 神经网络的调度结果可用于预测调度规则的系统输出，指导建立新的调度启发式算法，大大减少仿真研究的时间。Wang 等提出了通过广义回归神经网络建立显式的映射函数，把在高维空间中的数据点映射到低维嵌入空间的数据点，再进行局部线性学习，然后使用最小平方支持向量机（Least Square-Support Vector Machine，LSSVM）进行训练并选择一个适当的重调度作为最优调度方案。

约束满足技术、神经网络和专家系统以及基于知识的方法是人工智能方法的代表。以 BP 神经网络为代表的这些人工智能技术具有非线性映射能力、自学习能力、故障学习能力和预测能力，因此这些方法都得到了广泛的应用。众所周知，BP 网络存在许多不足之处，如不满足训练逼近和泛化、过度拟合或过度学习、不收敛、结构选择缺乏科学规则等。一些专家系统和基于知识的方法是所谓的“分布式”的，但它们由系统而不是各个智能 agent 本身来做决策。对于一个庞大而复杂的系统来说，需要考虑太多的因素，因此建立整个系统的规则是困难的。利用深度神经网络对训练后的近似和泛化进行改进是有可能的，这对未来的实时动态分布式调度是有帮助的。

1.2.3 制造资源优化配置及制造过程监控研究现状

第四次工业革命促进了制造业的计算机化、云计算技术、物联网和信息物理系统技术的出现和应用。这在欧洲被称为“工业 4.0”，美国则称之为智能制造，实时制造或智能云制造是在亚洲被广泛认可的概念，这些概念的典型代表为分布式制造，在设计生产设施和制造设备方面带来了新的挑战。在“工业 4.0”中，智能工厂或未来工厂（Factory of Future，FoF）是价值链的重要组成部分。

1.2.3.1 资源优化的智能性

智能工厂的一个重要问题是快速而经济地改变制造资源的功能和能力，以适应生产需求的变化。因此，FoF 的设计必须关注其制造资源的易变性和可重构性。易变性是指适应性和自适应性、灵活性、可伸缩性、可修改性、鲁棒性和可服务性，以便以成本效益高的方式处理制造系统生命周期中的变化。可重构性侧重于模块化、可激活性、可扩展性、互操作性、灵活性、可转换性和可诊断性。可重构性和可变更性在许多方面相互重叠，但两者都在寻找在制造系统中嵌入特定功能的方法，以确保在必要的时间需要这些功能的时候，这些功能的实时成本、质量和功能处于合理的范围。在很长一段时间内，这项研究的范围被限制在智能制造子公司，智能制造子公司需要将这两个概念部署为一系列技术特征，以便拥有顺利适应生产需求变化的能力。由于当今市场的演变，生产的变化（如功能、能力）在频率和强度上都在增加。在这种情况下，制造资源的用户将更愿意与能够提供基于总拥有成本（TCO）模型的制造解决方案的生产商进行合作。因此，智能制造单元也必须具备能够嵌入 TCO 模型的特性。为了支持快速响应市场需求、缩短周期时间、以更好的资源利用和更低的成本来生产高度定制的产品，智能化也必须成为制造资源的一个重要属性。智能化是通过部署到智能工厂的制造资源中的信息物理系统来整合软件和物理资源的结果。通过信息物理系统加入物联网，制造系统可以更好地连接和方便地在制造资源之间进行通信，实现实时反应。

在“工业 4.0”范式的推动下，现代制造企业正在应对一个重大的数字化转型，其目的是更好地应对日益复杂的全球化企业所带来的挑战。这种基于“工业 4.0”的集成范式的一个基本原则是：沿着整个工厂的价值链创建一个将企业的产品、机器、系统和业务总是连接在一起的智能网络。根据这一愿景，制造资源正从单一实体转变为分布式的组成部件。这些组成部件由日益广泛的工业物联网技术所支持，是松散耦合并且自主的，同时被赋予了联网和连接能力。在这些条件下，它们能够以可靠和可预测的方式一起工作，以高效的方式协作。在这种协同协作关系中，所涉及的制造资源可以相互交换相关的演化信息。根据特定的外部变化，每个制造资源都可以详细说明接收到的信息，以做出决策并触发操作。这些制造资源还能够对周围环境中发生的变化做出反应，并形成自组织物流或生产机器。这种“社交化”的模型能够通过对制造资源的控制来帮助企业的制造系统实现高度柔性化和自响应。

1.2.3.2 资源优化配置的网络性

近年来，“工业4.0”范式在制造业和学术界的普及速度非常快，为一场新的工业革命创造了条件。与前三次由单一技术驱动的工业革命（如蒸汽、电力等）不同，第四次工业革命是基于大量围绕IIoT和信息物理制造系统（Cyber Physical Production Systems，CPPS）概念的现有技术和新技术的组合和交互。此外，这些技术都按照以下六个原则联系在一起：互操作性、虚拟化、去中心化、实时能力、模块化、面向服务。这种异构技术的混合为工厂的数字化进程增加了复杂性，因此需要对它们进行调整和重新思考，以满足来自复杂场景的需求。具体来说，为了充分发挥其潜力，必须将现有的各种信息和通信技术解决方案整合并使之适应工业需要，然后在车间内进行部署。在这方面，为了清晰地强调由“工业4.0”范式提出的新视角所产生的概念和关系，有必要特别定义相关的体系结构框架。在制造系统领域研究中，文献中已有的一个著名框架是用于信息物理系统的5C架构。此架构旨在为开发和部署用于制造应用程序的信息物理系统（Cyber Physical Systems，CPS）提供逐步的指导方针，包括以下几个层次：“智能连接”“数据到信息的转换”“网络”“认知”“配置”。5C 架构可以作为智能制造框架的有效参考模型，尽管它有一个应该进行大量扩展的限制，即没有考虑到要增强资源之间的互操作性。

另一个有价值的体系结构模型是基于“工业 4.0”的参考体系结构模型（Reference Architecture Model for Industry 4.0，RAMI 4.0），该模型用于映射和分类基于“工业 4.0”的任何组件。RAMI 4.0 是一个三维坐标系，右侧横轴表示工厂世界中通用对象的层次结构级别；这个对象可以是制造出来的产品，一个机器的组成部分。左侧横轴代表设备和产品的生命周期。纵轴分为六层，以描述分解成其内涵的机器，包括业务层、功能层、信息层、通信层、集成层和资产层。信息和通信系统是连接应用程序的传统方法，利用客户端/服务器模式实现点到点集成。然而，这样一个系统中的连接数量可能会随着所涉及的应用程序数量的增加而成倍地增加，并且这个问题会使系统变得僵化，不容易维护。信息和通信系统的另一种解决方案是事件驱动的系统，它具有松散耦合和高度分布式的体系结构，因此可以提供更好的上下层感知和实时响应。Lee 等研究了一种事件驱动的管理方法，支持一个基于红外射频装置的框架，将规划、调度和控制作为一个整体进行集成，解决了动态调度问题。另一种事件驱动方法能够适应并利用生产车间实时监控数据的动态变化。此外，LISA（Line Information System Architecture）是一个事件驱动的制造信息系统框架，该框架是为“工业 4.0”而开发的，用于集成工厂的设备和服务，来自所有设备的消息都被发送并转换为用于在线监视、控制和优化的知识。此解决方案为每个设备提供一个适配器，对于每个新设备，都需要一个新适配器来执行设备的数据存储格式与公共数据存储格式之间的映射。

1.2.3.3 资源优化配置的社交性

中间件应用程序可以为增强资源之间的互操作性做出重要贡献，它是一个应用程序、操作系统和网络层之间的“软件黏合剂”层。特别是在几种可用的中间件类型中，基于“发布—订阅”交互的技术提供了一种支持信息通信系统（Information Communication System，ICS）的有效解决方案。事实上，它们将适应在物联网网络中分布的解耦组件之间同步变化信息的需求。就目前所知，文献中提供的中间件解决方案仅提供了选择要订阅的信息的静态方法。通常这些方法是基于预定义的语法主题的，但是它们没有考虑不同的灵活性和表达性需求，这些需求通常需要支持制造领域中广泛存在的复杂场景。增强语义互操作性的一种潜在方法是通过利用标准窗口组件（Standard Widget Toolkit，SWT）的公共模型来定义和表示所涉及资源的共享知识。这种基于 SWT 的方法在 Modoni 等的研究中被提出，其目的是通过对机器到机器的通信数据的组合、丰富和推理，简化跨域应用程序之间的集成。基于语义的方法的潜力已经在虚拟工厂的背景下得到验证。虚拟工厂研究框架（VFF）项目旨在提高不同的软件应用程序的语义互操作性以支持工厂的整个生命周期，使这些应用程序可以共享和利用相同的信息。在考虑资源、流程、产品及其随时间共同演化的情况时，SWT 被用来在语义模型中正式地描述该信息。另外，该模型提供了工厂作为一个整体的整体视图。语义模型也是 1.1.1.3 中的支柱之一。实际上，它背后的思想是，语义模型始终与实际工厂同步，可以作为实现中间件语义增强的有效基础，从而有助于弥补传统“发布—订阅”中间件的上述语义功能不足。

为了加强 IIoT 网络各组成部分之间的协作，另一种可能的方法是将网络视为一个基于代理的分布式协作系统。在这样的环境下，每个制造资源背后都有一个特定的代理来管理它的协作。相应资源的功能代理可以与其他代理协作，主动收集数据，更新系统的当前状态。基于多智能体的技术在过去的不同领域（如电信、医疗、制造业等）中得到了应用。在制造业领域，第一个提出基于代理（Agent）的解决方案的是整体制造，它是能够体现制造业自治、合作的实体代表。代理技术方面受到研究项目 UBIWARE 提出的体系结构的启发，该项目实现了一个物联网中间件，以支持创建一个由一组不同性质的分布式和异构组件组成的自适应管理系统。最近，Katasonov 等的研究中引入了一个基于代理的系统，提出了一种智能代理的协商机制，代理之间可以相互协作。在 Wang 等的研究中，展示了另一个基于代理的制造系统框架，该框架为制造系统提供快速适应和重新配置的能力，允许覆盖生产资源的插拔以及生产活动中参数的调整。与 SWT 相结合的基于多代理的解决方案已经在分布制造的自适应整体控制框架（Adaptive Holonic Control Architecture for Distributed Manufacturing Systems，ADACOR）体系结构中使用，该体系结构的特点是能够作为一组自主的、协作的、整体开发的、每个整体代表一个特定事件的制造组件。语义模型和多代理技术的另一个有意义的组合可以在 Java 代理开发（JADE）框架中找到，这个框架使用了一个专有的语义模型。此外，JADE 仅对提供的词汇和语法检查使用语义，而采用语义模型可以带来的显著优势是可以创建具有推理能力的认知模型。此外，JADE 中语义信息的交换是基于约束元模型的，约束元模型包括概念、代理行为和谓词等实体。由于这些消息是 FIPA（FIPA 2008）兼容的，JADE 代理可以与其他代理交互，这些代理也可以由其他与 JADE 不同的 FIPA 框架管理。在这样的背景下，分布式代理之间的异步通信也包含了交换消息的内容意义，这些内容意义是根据本体论进行标准化的。

1.2.4 智能制造方法研究现状

1.2.4.1 制造专家知识库

专家系统或知识发现系统使用知识和推理方法来解决问题，这些问题在没有这些系统之前需要人类专家来解决。知识发现系统是人工智能的一个分支，雏形产生于20世纪60年代，其基本原理是把专业知识在特定的数据库中进行存储。专家系统是维持知识的有效工具，由此特性专家系统能够以最小的成本简化知识的转移。这些知识对企业竞争力至关重要，并可以在组织中用于培训和传播。人工智能在20世纪60年代的应用状况是研究通用问题求解器，这种通用问题求解器在解决复杂问题时能力较弱并且效率较低。专家系统的力量来自知识，而不是具体的推理，其发展为人工智能的发展开拓了新的发展方向。知识发现系统存储的内容为专业知识相关的事实、启发规则和过程，专家系统由数据库、知识库和推理引擎三部分组成。基于知识发现的专家系统的总体架构如图1-5所示。数据库根据用户对特定问题领域的兴趣，以及事实或启发法来存储信息。知识库拥有用数学逻辑表达的领域知识。因此，将其分为基于规则的系统、基于框架的系统、面向对象的系统和基于案例的推理。规则系统以“if-then-else”条件为驱动，一旦条件满足，将执行某些任务。框架系统使用“框架”为表达概念或情况的结构。面向对象的系统从类的层次结构、子类和对象的行为等方面转变为更结构化的信息表示形式。推理引擎用来控制环境并与用户交互，它接收来自用户关于问题的输入，并根据需要获取其他信息；它理解知识库以制定推论并提供专家建议。在过去的几十年里，各种关于专家系统（Expert System，ES）的各种元素的研究工作都得到了例证。

基于专业知识的专家系统是具有自主决策能力并解决指定专业领域

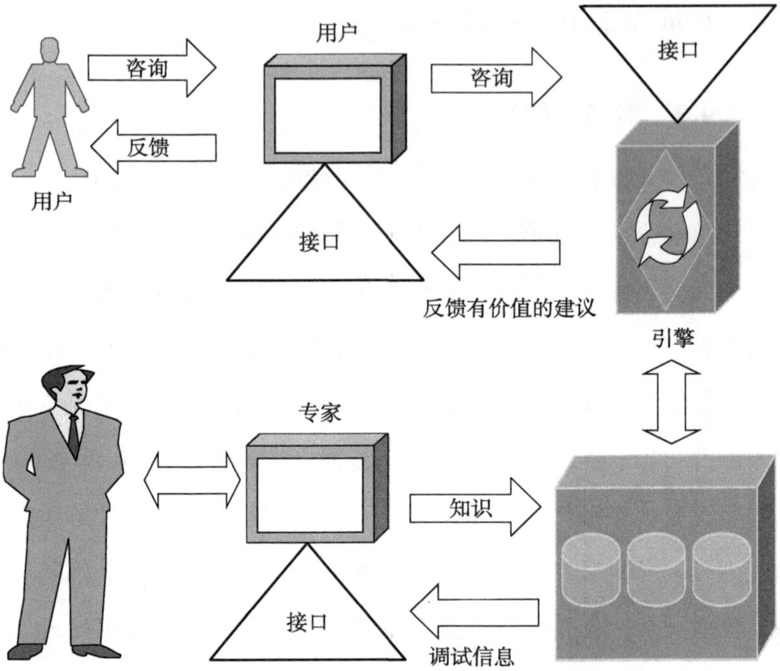

图 1-5　基于知识发现的专家系统框架

问题的计算机程序，是一门用计算机去创建并模拟人类智慧行为的智能系统的科学。1956 年，约翰 · 麦卡锡（John McCarthy）发明了人工智能（Artificial Intelligence，AI），探索出一种像我们人类一样，可以推理、解决问题和自我提升的机器。它具有自适应控制，能够更好地处理和存储知识，将关键性的知识反复利用的特点。专家系统根据给定解决问题的复杂程度执行感知、解释、推理、学习、交流和决策等操作。从最初的专家系统开始，已经完成各种各样的开发，这些开发扩展了人工智能的应用范围。目前主流人工智能应用包括模式识别、自动化、计算机视觉、虚拟现实、诊断、图像处理、非线性控制、机器人技术、自动推理、数据挖掘、过程规划、智能代理和控制、智能制造等。

工艺设计（Process Planning，PP）使用计算机进行自动化生产的一系列的过程准备操作中涉及制造的每个环节。计算机辅助工艺设计（Computer Aided Process Planning，CAPP）是计算机辅助设计（Computer Aided Design，CAD）和计算机辅助制造（Computer Aided Manufacturing，CAM）的集成，在制造过程中起着至关重要的作用。传统的方法涉及让专家来解决工艺设计有关的问题。如果用人工来解决这个问题，他们会使用相关领域知识和技能，并在确定可用资源范围内来确定所需的处理步骤。而在工艺设计问题求解的过程中会产生相应的问题，包括专家的依赖性、耗时性和不一致性。为了克服这种算法的瓶颈，Niebel 在 1965 年使用计算机来解决工艺设计问题。在此期间，计算机辅助工艺设计系统成为各种研究工作的焦点。计算机辅助工艺设计一般分为变体法和生成法。变体法是一种基于成组技术来感知部件相似度的变分技术，并遵循相关部件需求计划。它要求专业人员对零件进行分类，输入特征信息，并进行必要的修改。在智能或创成式中，工艺规划是根据几何信息、决策逻辑和算法来制定的，它基于零件形状、材料和其他影响生产决策的变量，综合了新产品的工艺计划。系统的主要输入是几何描述，它为设计人员提供快速的建议，并与产品建模活动密切相关。

自 1960 年 CAPP 面世以来，在为一系列相关领域的应用进行生产计划决策时，与专家系统的交互越来越明显。Weill 等综述了计算机应用领域的典型应用和 CAPP 系统的特点。Austin 等对人工智能规划的特点进行了综述，并对其研究进展进行了阐述。Steudel 提出了在规划离散产品生产时使用计算机的方法。Eversheim 等对 CAPP 系统进行了调查，并指出了当前的趋势。到了 21 世纪，基于专家系统的 CAPP 的研究又有了新的突破。Liao 对知识管理（Knowledge Management，KM）技术及其应用进行了分析，从专家定位、不同社会方法学实施知识管理技术的建议等方面提出了未来的研究方向。Duflou 等对与工艺规划有关的板材弯曲操作的研究进行了综述，讨论了弯曲操作的建模、过程中观察、自适应控制技术、部件演示和特征分类方法，提出了板料成型的工艺设计瓶颈问题，并进行了工艺方案评价的工效学研究。Tisza 提出了一种基于知识与模拟相结合的板料成型过程的工艺规划，并开发了模具设计方法。Tisza 采用基于有限元的分析方法，旨在最大限度地减少冲压缺陷，并进行重新设计，以缩短生产周期和开发成本。

竞争性定价的报价准备是企业的一个关键过程，由于报价过程中存在大量的变量，所以报价准备是一项复杂的任务。Garcia-Crespo 等强调了实施知识发现系统的成本和价格固定方法，对未来知识发现系统的价格估算需求提出了建议。生产中使用的夹具直接影响零件的质量、生产率和成本。Wang 等对 2000 年至 2010 年计算机在夹具设计中的应用及其自动化进行了综述，重点介绍了夹具的类型及其应用，以及各种方法，包括智能和自动化的夹具设计方法，夹具的配置布局和验证过程，并对未来的研究方向进行了展望。Li 等综述了知识发现系统的最新发展，介绍了知识获取技术、基于规则和案例的知识库开发方法和软件工具，同时还介绍了实时控制在制造中的应用和未来的研究方向。Tripathi 讨论了基于知识发现的专家系统的架构、特点、生活方式、知识表示技术和在人力资源中的应用。Xu 等对 2000 年至 2010 年的计算机辅助工艺规划文献进行了回顾。计算机辅助工艺规划方法包括基于特征的技术、知识发现系统、人工智能技术，如人工神经网络、遗传算法、模糊集理论、Petri 网、基于代理的终端和产品模型数据交换标准的兼容方法。Sahin 等对混合专家系统的方法与神经模糊系统的联系进行了综述，对 1988 年至 2010 年发表的文章进行了分析和观察，发现神经模糊和粗糙神经网络的工业应用是最近发展起来的。Isnaini 对 CAPP

在材料去除过程中的应用进行了综述，描述了模型约定、操作、资源、切削条件、刀具路径和设置选择等要素，并给出了未来的扩展。Yusof对2002—2013年的知识系统、人工神经网络、遗传算法、模糊集和、Petri网、基于智能代理的系统、互联网、步骤兼容和功能模块方法进行了全面的调查，大部分的研究工作集中在CAPP系统的应用上。可以看出，专家系统是一个不可或缺的工具，以支持在制造计划、调度、加工、检验等制造领域的决策。其架构如图1-5所示。

1.2.4.2 智能集成制造系统

集成制造（Integration in Manufacturing，LiM）是一个将人和机器组织成一个整体系统的系统架构。通过管理与制造的集成产生一个集成的、可互操作的企业系统。其集成的整体性不仅体现在现场层面，更体现在管理和企业层面。业务流程软件和制造执行系统现在可以满足这种完全计算机化和自动化集成的需求。企业层面和生产车间层面之间的接口仍然存在主要问题：如何在一个封闭的循环中，根据产品、流程和企业内外人员的生命周期动态来动态调整生产速度？目前的研究在该领域的作用是为技术突破创造理论支撑，使企业投资不只是由信息技术拉动。最近关于制造的文献表明，目前的研究重点是智能制造。然而，该行业的未来依赖于网络协同和可以在公司、个人和社会之间建立的信息物理制造系统，从而产生共享的知识和财富。这种制造模式需要有一种网络架构的支持，这种架构包括常见的参考模型、有效的互操作机制和方法，支持基础设施基于开放体系结构、设计和工程方法来实例化/复制已经成功的标准化市场技术和工具。

在全球范围内，离散的制造工厂是按照客户/企业的要求和预期的性能来生产产品/服务的工厂。可以将其与离散事件系统进行合并，其中每个状态都引用其整个生命周期内的产品状态。车间层与物理层（如传感和驱动装置）一样，至少利用一个工业控制系统来实现实时处理不同地区的控制（如监控、执行、监督、跟踪）。其中的工业控制系统需要多个具备不同的性能且具有可靠性的信息系统。在工程上，控制是指逻辑控制、回路控制和监控控制，它是制造业工厂尤其是先进制造业工厂成功的关键因素，因为它直接影响工厂的灵活性、生产力、模块化等。为了支持必要的同步，控制必须考虑构成制造系统的活动、过程和资源之间的所有交互。该系统的复杂性随着工厂的动态变化而变化，例如时间变化、组件的年龄、客户/企业需求、其他需求（如规范和法规方面的需求）。早期的研究，如 Diltis 等考虑了四种基本类型的控制架构：集中式、层次化、改进的层次化和非层次化。Morel 等对这一分类进行了更新，他们根据不同的视角提出了五个层次，从而在系统体系结构的特定特性与要实现的理论和建模范例之间展示一个清晰的关系。该架构如智能制造系统（IMS）所倡导的那样，第五层以“智能”作为特征的代表。这样，专门用于制造的制造信息物理系统必须遵循信息物理系统的原则，而这些原则已经在实际应用中提出了许多科学问题，如：如何在实际应用中有效地建模？信息物理系统紧密地连接计算软件和物理元素，并进行二者的协调，同时可以促进数据使用、数据访问和数据处理服务的协同效果。因此，制造信息物理系统由自治和合作的子系统元素组成，通过生产设备连接流程、生产和物流网络。这种基于信息物理系统的制造信息物理系统可视为由三种基本功能组成：智能（计算）、连通性（通信）和响应性（控制），如图 1-6 所示。

这些功能允许考虑以信息物理制造系统作为支持，将生产过程转换为高度分布但互相联络的“实体”，对这些基于分布式的工作实体的协作方式提出了新的需求，例如，协同控制理论、智能协作工厂等。这种自主性与合作性的融合为信息物理制造系统提供了与生俱来的特征，如自

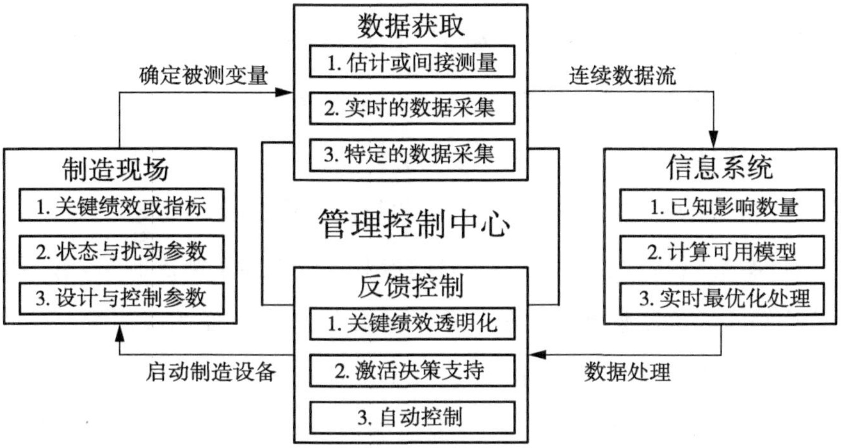

图 1-6 信息物理系统框架

我组织、自我维护等。这表示 IMS 的演进研究方向要重新考虑车间控制/自动化的目的，因为信息物理制造系统提供了面对内部和外部变化时的自我意识、自我预测和自我重新配置的创新能力，新的制造系统应该能够监控物理过程，创建物理世界的“数字孪生”（Digital Twins，DT），并通过人、机器、智能设备、传感器等之间的实时通信和合作做出智能决策。较低水平的基于信息物理系统的自动化（主要集中在车间级别）负责高级连接，确保来自物理世界的实时数据获取和来自网络空间的信息反馈（较高级别）。它实现了 Lee 等提出的 5C 架构的两个第一层（智能连接层和数据转换层）。通过对海量数据（大数据）的收集和智能分析，可以实现高级的联通性。通过这种方式，基于信息物理系统的机器配备了预测工具，可以处理数据以提取信息并做出实时的、明智的决策。

1.2.4.3 机器学习在制造业的应用现状

今天的制造业正在经历制造过程数据的指数级增长。这些数据被存储为各种不同的格式、语义和质量，例如来自生产线的传感器数据、环境数据、机床参数等。这一现象在学界有不同的名称，如德国的“工业

4.0”、美国的智能制造、韩国的智能工厂。这种大量数据的增加和可用性通常被称为制造业大数据。例如，质量相关数据的可用性为可持续地改进过程和产品质量提供了挖掘的潜力。然而，人们已经认识到，大量的信息也可能提出挑战，并可能产生负面影响，例如：分散对主要问题/因果关系的注意力，或者导致有关解决问题的行动延迟或得到错误结论。总的来说，制造业必须面对制造业大数据能够解决制造业许多问题这个事实，为了使制造业所获得的大数据具有更强的实用性与价值，例如将其用于质量改进计划、制造成本估算或者流程优化、更好地理解客户的需求等，这些应用要求挖掘数据的机器学习算法能够处理维数高、复杂性和动态性的数据。数学与计算科学（如统计学习）的新发展令计算机处理数据更加地具有易用性，这种发展也令制造业能够更好地处理存储于数据仓库中的制造业大数据。计算机领域最具应用性发展的一个领域是机器学习（Machine Learning，ML），包括数据挖掘（Data Mining，DM）、知识发现（Knowledge Discovery，KD）和人工智能（Artificial Intelligent，AI）领域。机器学习领域是非常多样化的，有许多不同的算法、理论和方法。对于许多制造业从业人员来说，如何有效采用这些强大工具是一个障碍，因此可能会阻碍挖掘大量数据的价值。

在过去的20年里，机器学习技术的应用由于各种各样情况的变化而增加。尽管如此，机器学习的主要定义为允许计算机解决问题而不需要专门编写程序。该定义在1959年被提出，到今天仍然有效。机器学习与其他术语都有一定的关系，如数据挖掘、知识发现、人工智能等。如今，机器学习已经广泛应用于不同的制造领域，例如优化、控制和故障排除。许多机器学习技术，如支持向量机（Support Vector Machines，SVM）被设计用来分析大数据，并能够很好地处理高维（>1000）数据。然而，在应用过程中也要考虑可能的过拟合等问题。如果维数被证明是一个问题，尽管不太可能完全由于算法的力量而减少维数，但也有可用的其他方法来减少维数。这些方法也可以在研究维度减少时降低对算法预期结果的影响。在这种情况下，使用机器学习的支持向量机方法的重要性在于：维度其实不是一个实际问题但支持向量机减少了降维的需要。这意味着，在制造业数据中包含看似不相关的信息的可能性更大，这些信息在某些情况下可能是相关的。这可能会对前面描述的现有知识差距产生直接影响。

在制造业中应用机器学习可能会从现有的数据集中挖掘出有用的模式，这可以为系统未来行为的近似值的标准提供依据。这些新的信息（知识）可以支持流程管理者进行决策，或者直接用于改进系统。最后，某些机器学习技术的目标是检测描述关系的特定模式或规则。考虑到快速变化的、动态的制造环境的挑战，机器学习作为人工智能的一部分，继承了学习和适应变化的能力，“系统设计者不需要预见并为所有可能的情况提供解决方案”。因此，机器学习提供了一个强有力的论据，说明之所以它在制造业的应用可能是有益的，是因为大多数原生的模型与解决问题的方案都难以具有自适应性。学习和自动适应变化的环境是机器学习的主要优势。

机器学习技术旨在从现有数据中获取知识。Alpaydin 强调“存储的数据只有在被分析并转化为我们可以利用的信息（如进行预测）时才有用”。对于制造业来说尤其如此，因为在技术、财务和知识限制的情况下，在实时制造程序运行期间很难获得实时数据。这也可能对流程检查点的定位问题产生影响。在考虑哪些数据是有用的情况下，仔细选择检查点是有意义的，但是考虑到机器学习技术的分析能力，从以前认为无用的数据中获得信息的方法可能已经过时了。按照生产计划采集数据的话可能会导致状态的更加多样化，这是否有益还是一个有待研究的问题。考虑到机器学习处理高维数据的能力，分析附加数据的技术是成熟的，然而获取及采集数据可能仍然是一个问题，特别是获取实时数据的能力。

在机器学习的领域中，处理高维数据已经不是主要问题，只要能获取实时的数据就可以进行状态的决策了。表 1-3 总结了机器学习技术在制造业的应用。

表 1-3 机器学习技术在制造业的应用总结

制造业需求	机器学习理论满足需求的程度
处理高维数据并且数据集具有耦合性	某些机器学习技术（例如 SVM）能够很好地处理高维（>1000）问题。随之而来的问题（如可能的过拟合）必须加以考虑
能够减少可能复杂的结果，并为从业人员提供清晰和具体的建议	机器学习可能从现有数据中获得模式，并获得关于未来行为的近似。这些新的信息（知识）可以支持流程所有者进行决策或者用于自动改进系统
能够以合理的效果和成本来适应不断变化的环境。理想情况下，系统是自适应的	机器学习是人工智能的一部分，因此能够学习和适应变化，"系统设计者不需要预见并为所有可能的情况提供解决方案"。学习和自动适应变化的环境是 ML 的主要优势
能够从结果中学习，进一步深化已有的知识	机器学习可以帮助创建新的信息和可能的知识，例如识别现有数据中的模式
能够在不需要特殊要求的情况下处理可用的生产数据，以便在开始时获取非常具体的信息	ML 技术旨在从现有数据中获取知识。"存储的数据只有在被分析并转化为我们可以利用的信息时才有用，例如，做出预测"
能够识别相关过程的内部和相互关系、理想的相关性和/或因果关系	某些机器学习技术的目标是检测描述关系，如某些模式或规则

总之，正如 Monostori 等所强调的，"智能与学习紧密相连，学习能力必须是智能制造系统不可或缺的特征"。当讨论到理论概念面临的限制和挑战时，机器学习提供了强有力的论据。基于上述分析，机器学习技术似乎提供了一个基于继承需求的有前途的解决方案。机器学习成功地处理了大多数已确定的需求。但是，必须更详细地分析可用的机器学习技术以及它们在需求方面的优势和限制。最重要的是，在做出最后的判断之前，必须进一步阐述与理论产品状态概念及其对生产计划的看法之间可能存在的兼容性。此外，还有许多问题需要回答，比如机器学习技术如何处理定性信息。

1.3 研究内容与研究创新

1.3.1 拟解决的关键问题

（1）基于DOPR协同的主动制造研究

主动制造能够挖掘系统的显性知识，实现用户隐性知识的集成，如在征集创意产品/服务阶段，基于社会性网络大数据分析计算出广大用户的参与度和贡献度并分配相应的收益，提高用户参与产品研发设计的积极性，形成主动有序化的知识创新文化氛围，从而依靠用户的集体智慧提高产品/服务能力；用户在进行个性化的三维模型结构设计时，通过分析产品三维图形和工艺文档等大数据，主动推送情景相关的零部件模型、材料数据信息和相关知识服务等。在进行零件加工时，基于传感器/机器运行实时数据及历史数据进行分析建模，预测可能出现的故障，主动地将制造任务转移到其他可用的机器上，并对故障进行预修复。制造企业和客户可以利用CAD/CAM/PDM/CAE对产品进行模拟仿真验证，乃至虚拟制造或3D快速成型；利用ERP/智能化/服务化等技术手段，按照合约和产品需求进行面向服务的业务流程的创建与协同，并通过IoT等调用和监控相应的物理设备资源，最终得以在物理系统中实现产品的生产，与此同时，在产品生产乃至使用过程中的实时数据（信息）经知识网处理后，会主动地返回给企业人员，用以优化业务和决策。

（2）基于大数据分类的分布式生产计划研究

企业各制造单元的资源配置以及生产线布局各不相同，随着生产现场的动态变化，各单元之间原有的任务分工很容易变得不再均衡，原来的资源配置变得不再合理，再加上各分布式单元之间的信息交流不畅，使得任务的均衡分配难度大大增加。基于大数据的分类能够获取有效的分配知识，生成资源分配准则。基于大数据知识库支持的分布式生产计划技术需要借助动态工艺分工技术，协同整合在制品信息、设备加工能力信息、生产准备信息以及物料供应信息等，并以优化订单、均衡任务、优化配置资源、辅助优化动态工艺分工为目标。

（3）基于任务均衡的制造资源大数据聚类优化配置研究

基于大数据的聚类方法能够将分配方式进行分类与训练，形成分配知识库。对于多任务、多资源的实际生产系统，任务和资源之间存在工艺分工路线、资源能力和任务交货期等多种约束，多任务在同一时刻竞争同一制造资源必然出现资源冲突。因此，如何在满足多约束的条件下，避免和消解资源冲突，实现基于任务均衡的制造资源优化配置是本书研究的难点之一。

1.3.2 研究内容

先进制造企业普遍应用各类信息化手段积累了大量的数据，但数据无法指导协同复杂的、离散的先进产品制造过程，研究大数据驱动的协同制造机理，有助于先进制造企业提高智慧化达到协同制造的目标。研究并使用大数据驱动的协同制造机理，能够使先进制造业多产品、多部门、多业务之间形成有效的协同，达到智慧化生产与主动制造的目标。本书的研究成果能够帮助制造企业有效地实现智慧化的协同制造，达到提高决策效率、改善劳动生产率和降低生产成本的目的。

本书针对先进制造企业生产中工艺规划与制造过程协作松散问题，建立大数据智能平台，分数据支撑层、规划层、运作层、执行层四个层面研究协同制造方法。通过研究数据（Data）、任务（Order）、过程（Process）、资源（Resource）四者之间的有效协同（以下简称 DOPR 协同)，实现任务的均衡分配、过程的柔性响应、资源的优化利用；并将相关研究成果封装，构建智能大数据协同制造平台，提供相应的协同智能支撑方法及工具，为本书研究成果快速工程化奠定基础。本书主要研究内容如图 1-7 所示。

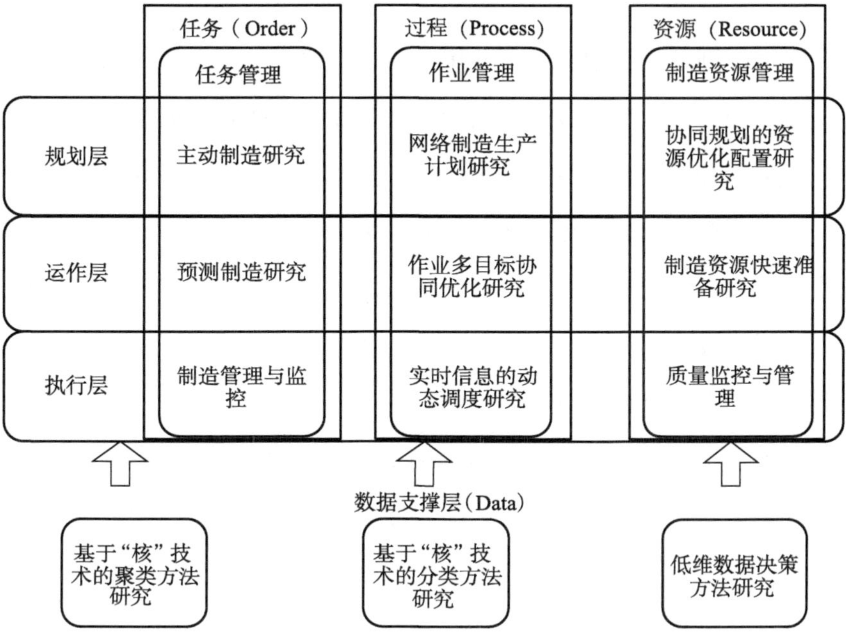

图 1-7 研究内容

1.3.3 研究创新点

本书针对先进制造企业在工艺规划、生产运作、制造执行、过程控制等阶段协作松散、生产周期长、资源利用率低等问题，探讨基于任务、过程与资源的协同制造模式，突破动态工艺规划、分布式生产计划、制造资源优化配置、柔性作业计划和动态调度等关键技术，构建基于信息集成和知识融合的协同制造平台，具有以下三个方面的特色与创新之处：

（1）研究了大数据与当下企业协同生产的关系，提出了 DOPR 的新型协同制造模式

大数据时代的制造业迎来了新的机遇与挑战，但还没有人探索大数据对制造业的改变与支持。想要先进制造业产品与部门达到协同与智能需要引入大数据，大数据可以使制造过程更轻易达到协同的目的。而制造业产生的制造业大数据如何使用目前正是研究的热点，本书正是研究了平台性的支持，使大数据对制造业的智能支持更加具有整体性。

（2）提出了大数据环境下面向规划、运作和执行层的大数据协同方法

先进制造业的制造过程可以根据 DOPR 分为三个层次，每个层次根据所处的生产阶段不同各自有不同的关键技术，这些关键技术在大数据时代可以通过数据的支撑实现进一步的发展。本书根据环境不同对各种关键技术的大数据支持做出了探索。

（3）规划了大数据环境的方法与支撑工具集

在制造业信息化程度越来越高的环境下，制造业大数据应如何去挖掘，是大数据时代制造业研究的难点与热点。本书对制约企业的协同数据、订单、过程和资源进行分类，分别提出了解决相应问题的大数据支撑方法，并通过大数据训练得到知识库，以便供智能大数据平台调用，帮助先进制造业高效协同。

1.3.4 章节安排

本书共有 6 章，内容安排如下：

第 1 章：绪论。阐明了本书的研究背景和研究意义。对本书相关研究内容进行模块化分析，对每个模块最新的研究现状进行综述，力争在国内外研究的基础上发现研究问题的共性与个性，为本书后续的研究提供研究基础与理论支撑。最后根据研究现状提出本书研究的框架及创新点。

第2章：规划层DOPR协同制造研究。规划层DOPR协同制造方法基于大数据支撑，针对当前生产计划编排脱节现象而导致任务分配不均、资源负荷参差不齐等问题，研究多车间、多部门、多任务之间的协同规划方法，应用基于DOPR协同的主动制造方法、分布式生产计划方法以及资源优化配置方法，使任务均衡分配、资源合理利用。

第3章：运作层DOPR协同制造研究。规划层协同制造解决了任务需求变动情形下研究资源配置和生产计划的可行性。运作层将规划层计划进行细化，形成作业计划，具体研究在操作可选和设备、工装、物料可选等动态制造资源约束下的作业计划优化方法，以使作业计划可行，能有效指导运作层生产加工，并拉动资源实现资源的并行准备。

第4章：执行层DOPR协同制造研究。在制定出合理的运作层作业计划后，现场加工过程中的随机扰动会造成计划与原有目标的偏离。执行层考虑现场动态实时信息，针对计划执行过程中的扰动，通过动态调度实现现场变化的敏捷响应和实时协同。基于现场实际约束进行动态实时优化，将扰动造成的影响降到最低。

第5章：协同制造知识发现方法研究。制造业在信息化的过程中积累了制造业大数据，制造业大数据的形成为生产管理带来了机遇与挑战。如何从制造业大数据中找到有效的知识，为企业的协同制造管理乃至企业的生产创新服务是当代制造业所面临的新难题。制造业大数据本身具有数据维度高、数据类型多样、数据相互耦合和噪声数据多的问题。将“核”方法、降维方法和决策分析方法引入制造业大数据处理中作为解决先进制造企业协同制造的支撑工具，改进现有的制造业大数据的分析方法并挖掘对企业有效的知识，使我国先进制造业达到智慧化。

第6章：总结与展望。对本书所做工作进行总结，并指出本书的研究意义及以后的可行方向。

第 2 章

规划层 DOPR 协同制造研究

2.1 主动制造研究

制造业面临的挑战是找到新的技术解决方案来改善制造系统，以在生产新的定制产品的同时确保高质量和低成本。所有系统工作所需的数量、复杂性和信息详细程度都有了相当大的提升，增加了整个过程中对系统语义互操作性的需求。规划层的首要任务是与外部环境进行交互，以获得制造系统所需要的任务信息，包括对于“工业 4.0”来说非常重要的订单产品的定制化要求与订单信息这样的任务管理详情。在规划层首先要研究的就是基于社交网络与语义网络的订单管理与用户需求管理。国内有些学者将这种模式称为“主动制造”。一旦通过外部网络获取了企业的订单信息（或任务信息），在规划层就可以把接收到的订单进行分解，分解到任务层后对任务进行调度并调用制造资源信息。这些制造资源包括企业内部的厂房、设备、工装等信息，也可能是处于整个制造云内企业可用的制造资源。在这种生产条件下，企业可以通过“制造云”进行分布式的生产计划调度。制造计划制定之后，通过确定订单计划来确定企业级、分厂级、车间级的制造计划，根据制造订单计划来制定制造资源计划，对资源进行优化配置，配合计划完成。

规划层DOPR协同制造方法以大数据为支撑，针对当前生产计划编排脱节现象而导致任务分配不均、资源负荷参差不齐等问题，研究多车间、多部门、多任务之间的协同规划方法，应用基于DOPR协同的主动制造方法、分布式生产计划方法以及资源优化配置方法，使任务均衡分配、资源合理利用。与传统的制造模式不同的是，DOPR协同制造研究通过制造企业大数据，获取企业从订单到生产再到入库全过程信息，通过智能工具（或者知识）的支撑，使制造过程数据不断更新、资源优化配置、企业生产计划动态制定，让制造业大数据为企业带来便利与利润。DOPR协同制造模式能够使企业利润最大化、产品质量大幅提高、交付时间及时准时、企业期量标准的准确性达到最优。

2.1.1 大数据环境下的任务（订单）管理

当今的制造企业必须能够对制造环境的变化做出反应，例如高质量产品的动态需求、产品生命周期的缩短以及产品定制需求的增加。自动化和信息系统试图提高制造业的响应能力和灵活性。例如，基于代理的系统可以帮助组织提高灵活性和适应性，并支持分布式和分散的结构。传感器、云服务和通信技术的最新发展提供了将物理制造设施及机器设备连接到互联网应用的虚拟世界的能力。可以处理物理世界中的实际操作，同时在网络世界中通过先进的数据处理和仿真模型在制造过程、供应链和操作层面对其进行监控。来自制造业的数据连同外部数据源变得无处不在且更容易获取。在为大数据环境做出贡献的同时更需要适当的方法将数据转换成有价值和可操作的信息。

智能制造系统有潜力从根本上改变产品的设计、制造、供应、使用、再制造和最终退役的方式。该研究内容主要研究在大数据环境下的任务（订单）管理。要让数据驱动业务，就需要将数据作为制造系统的输入，进而在数据分析支持下实现数据的实时反馈、生产全方位监控、模拟预测和业务流程优化。本节主要研究在大数据环境下的任务（订单）管理。要让数据驱动业务，就需要将数据作为制造系统的输入，进而在数据分析支持下实现数据的实时反馈、生产全方位监控、模拟预测和业务流程优化。为了应对制造大数据的挑战，引入大数据分析技术与主动计算，尤其是事件驱动的主动计算，以此让制造企业达到DOPR的充分协同，在协同制造中引入主动制造的概念。在制造系统中，大数据应用还需进一步与物理世界和社会世界融合，因此主动制造的研究可以由三个系统组成，即社会系统、信息系统和物理系统。在三个系统有机结合的大数据的支持下，不仅能够预测市场的需求，而且能够根据制造系统的健康状况，自动配置和优化制造资源，从而实现主动生产，为用户提供客户化/个性化的产品/服务。

2.1.2 主动制造的系统构成研究

这种大数据驱动的主动制造延伸和发展了事件驱动的云制造模式，进而形成了主动事件驱动的社会信息物理生产系统。该系统如图 2-1 所示。

在三个系统中，中间信息层是核心，通过核心层收集的数据可以形成大数据和实时数据流、知识网；通过文本挖掘、社会网络分析、深度学习、语义 Web 和云处理等大数据挖掘（知识发现）方法，使历史大数据升华为有意义的信息、知识，形成预测模型，并通过复杂事件处理使实时数据流上升为有意义的复杂事件。主动事件驱动机器自主决策，或将所提取的信息/知识或事件或初步决策主动推送给社会层的社会系统（人际网）中的人，做进一步决策或确认，最后再经由信息层实现对制造资源的控制，使产品在物理系统中实现制造。由此可见，实现数

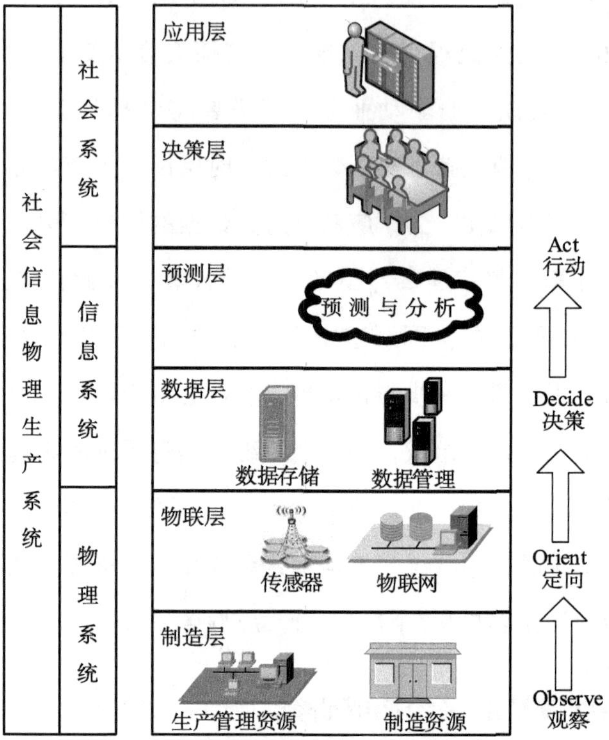

图 2-1　社会信息物理生产系统

据向信息、知识和智慧的转化是主动制造和智慧制造的共性关键技术，知识网就是实现这种转化的手段与工具，具体包括数据挖掘/业务智能（Business Intelligent，BI）、语义 Web 和数据流处理（复杂事件处理）等。数据挖掘或 BI 技术是实现结构化数据向知识转化的传统工具与手段，正面临半结构化和非结构化的大数据的挑战，需要引入云计算等技术来加以拓展和延伸。其研究架构如图 2-2 所示。

从人工系统的智能（智慧）实现途径来看，主动制造通过“感知（观察）—定向—决策—行动”模拟人类的主动行为，即从人工智能的行为主义角度出发研究制造系统问题，不同于从符号主义或联结主义角度出发研究的现有智能制造。因此，从人工智能研究学的角度看，主动制造是智能制造的一个新类别。通过对社交网络上人类语言与订单的分析，借助知识与方法的支持，达到使生产的订单与生产计划、生产资源相协同的目标。通过主动制造的模式，实现 DOPR 在规划层的协同。

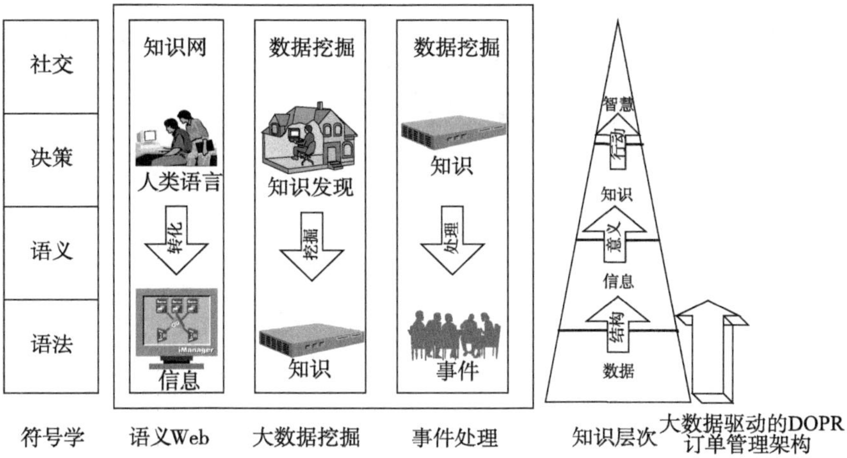

图 2-2　主动制造研究框架

2.1.3　主动制造的个性化生产

为了识别大数据对企业的影响，特别是对制造配置的影响，需要研究价值创造的路径。我们利用数据驱动的业务模型概念，如数据源、关键活动和产品，来识别制造业中数据驱动的价值创造类型。数据在数量和种类上都在迅速增长，社交媒体平台和移动设备被广泛使用，大量数据也从一系列业务数据源生成，包括识别传感器、嵌入互联网的设备、智能电表、射频识别（RFID），以及交易数据库、协作产品开发数据库（用于计算机辅助设计、计算机辅助制造和数字制造）、社交媒体、客户反馈和销售点数据，也可以将数据库管理系统和数据仓库（产品/过程设计、组装、材料规划、质量控制、调度、维护、故障检测）作为数据源。在这一节的研究中，我们区分了“内部”和“外部”数据源。

内部数据来源于企业内部的生产流程和业务管理，而外部数据生成于消费者和更广泛的环境，如表 2-1 所示。

表 2-1　内外部数据源

	内部数据（制造环境）	外部数据（客户环境）
数据源	传感器、智能表格、RFID、商业应用	传感器、社交媒体、移动设备、公共网络、销售点
数据类型	分布式生产的目标是灵活性、敏捷性和更大的客户导向，以及大规模定制	产品使用情况、客户反馈和市场数据

根据上述研究，本书提出了一个概念框架（见图 2-3），含三个相关的子系统。第一部分是竞争优势，包括区分基于价格的战略和基于差异化竞争的战略的维度。第二部分是竞争性优先事项，包括成本、质量、交付和灵活性四个方面。第三部分是实施战略，包括三个维度：分销度、与客户的密切度和生产规模。该框架的下半部分涉及大数据和数据驱动的价值创造。它的三个子部分包括数据源、关键活动和数据用户，来自被处理的资源（数据源）和输出值（数据用户）创建过程。数据源进一步划分为内部数据源（如制造工艺数据、生产计划数据和质量数据）和外部数据源（如销售点数据、客户反馈数据和社交媒体数据）。对于与数据相关的关键活动，框架包括对可以创造价值的不同类型的分析。对于数据用户，框架识别公司内部的用户以及来自价值链不同部分的用户，如设计、供应链、生产、市场和销售以及售后服务。

一般来说，生产配置仍然是由大量生产和削减成本的动机所驱动的。这些现有的制造配置和制造过程大多被发现能够提供满足确定的市场细分的产品。大数据应用在提供更高的客户洞察力和大规模定制的可能性的同时，也被广泛用于通知和优化当前的制造配置。这说明个性化

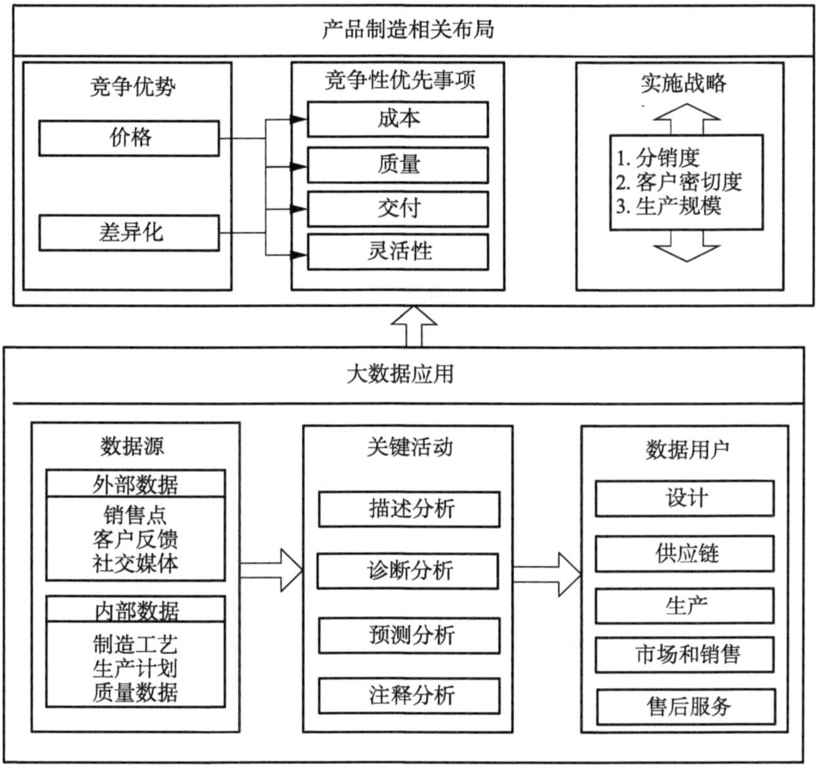

图 2-3 个性化制造框架

生产框架最终将取决于与现有生产方法相比的市场生存能力评估，并解释了框架中出现的关于大规模定制和分布式制造的不同观点。企业对大数据的使用各不相同，在部署大数据应用程序的地方，这些应用程序有助于更好地理解营销趋势和细微差别，与客户建立联系并支持定制，以及改进现有生产安排和供应链的协调。在未来一段时间内，传统和新制造理念可能共存。随着数据分析、制造系统和数字生产方法以及商业模式的不断完善和发展，我们预计消费品领域的更多公司将探索如何将个性化生产框架与大数据相结合，以满足快速变化和日益苛刻的市场需求。

2.2 网络制造生产计划研究

网络制造系统中的集成工艺规划和调度在当今以及即将到来的“工业4.0”环境中发挥着至关重要的作用。网络制造系统以有效和高效的决策改善基于协作的商业市场以及基于信息化的分布式制造和管理功能。本节通过1.2.1.3中对该主题的文献分析，提出并讨论了该问题的框架知识，在此基础上，提出并简要描述了网络化制造系统集成工艺规划与调度的框架，并对其中存在的主要问题进行了讨论。本节研究的主要目的在于提出一种基于目前研究方法的通用框架，以进一步帮助制造业开发新的工具、技术和方法，在网络化制造环境中进行集成生产规划。本节研究的发现和贡献可以帮助实施和改善分布式制造环境，通过适当的集成过程规划和调度决策过程，进一步扩大其潜力。

2.2.1 网络化制造框架研究

企业网络化制造建模是一个结合组织知识的研究课题，它可以为组织增加价值，无论是单个企业、私人或政府组织，还是网络企业（如广义的企业、虚拟企业或智能组织）。企业网络化制造集成能够促进任何类型的组织之间的信息流通、系统互操作性和知识共享。企业互操作性是企业网络化制造建模的重要问题之一，即：在分布式的异构环境中两个或两个以上的业务实体（相同的组织或不同的组织，无论其位置）如何进行设备交换或共享信息（无论什么时间）？企业建模在过去三十年中已经从事实建模发展到知识管理，同时企业集成已经从计算机系统集成和计算机集成制造发展到企业互操作性和电子商务。本节提出了对企业网络化制造框架的扩展，以承载企业建模和集成的扩展原则，如图2-4所示。

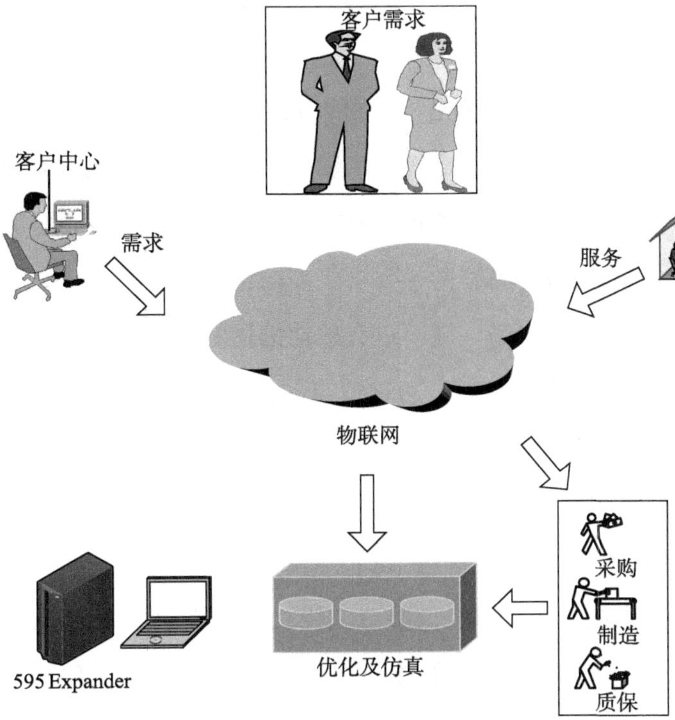

图 2-4 企业网络化制造建模框架

图 2-4 演示了一个网络制造系统的架构。网络制造系统从来自客户的请求开始，客户的产品任务可以通过基于 Web 的制造服务采用两种不同的模式来处理，即客户中心和制造中心。客户中心被定义为一个客户或组织，在基于 Web 的决策系统的支持下，接受客户的制造请求，分析和处理生产任务，以有效的方式提供可行的解决方案。通过基于 Web 的制造服务，可以分析多个组织的制造产品需求。制造中心的功能与初期的客户中心模式相同，但由于其自助式的提供能力，所请求的产品完全可以由制造中心自己提供。在大多数实际情况下，单一制造中心几乎不可能满足所有产品要求。因此，与客户中心类似，制造中心在基于 Web 的决策系统的支持下寻找合适的制造资源甚至合格的外包企业，

以满足未完成的任务需求，如寻找潜在的资源、企业与远程服务器的通信、与客户的交互、远程优化服务等。

在图 2-4 所示的框架中，制造中心可以充当这个虚拟组织中的一个决策部门，在这个虚拟组织中，它可以启动与客户的交互，并作为协调程序与其他相关企业进行协作。通过这种方式，用户和制造中心能够完成单个企业无法完成的各种各样的、要求更高的生产任务。在找到必要的产品数据和制造资源信息后，就可以有效地描述制造功能需求及其在网络化制造环境中的实现。然后，通过适当的启发式规则和仿真技术，可以解决分布式制造环境中的复杂问题，如 IPPS 调度问题。通过网络化制造可以实现用户的目标，从而解决终端客户的问题。综上所述，网络化制造系统的一些基本特征可概括如下：

（1）网络化制造源与以网络化制造为模式的企业网络的概念。它拥有全球环境下的互联网服务，能够为企业提供特征提取、数据预处理、流程规划、远程调度、业务管理等企业操作流程中的所有企业信息。

（2）可以为整个产品生命周期提供支持。

（3）网络化制造能够提高企业的竞争力，从而达到快速响应的目的。

（4）网络化制造系统具有在需求快速变化时重新配置和重组制造功能的能力。

（5）可以通过网络化制造环境有效地访问远程资源，达到与地理上分散的企业进行合作目的。随着无线通信设备、看板和其他移动方式，如传感器以及其他工具和外围设备的使用，必然产生制造成本变低的同时提高产品设计水平和基于智能的设备广泛使用的效果。

2.2.2 网络化制造的知识管理

根据 1.2.1.3 中的分析可知，云制造为新兴制造业提供了一种新的网络化制造模式。集团企业云制造知识的主要特征是异构性、动态性、多样性和分散性。因此，本节使用了知识即服务的概念，实现策略知识和显性知识共享。新型面向服务的网络化制造模式丰富并拓展了云计算资源共享的范围和服务模式，促进了绿色、服务、敏捷、智能的制造业的发展。这样的制造云模型最大限度地利用了企业内部可用的资源制造知识，并提高了设计制造能力。因为创新已经成为企业竞争中最基本的任务之一，在云制造的研究中也强调了学习的重要性、知识的重用性和创造性。云不仅是一个系统，它赋予了分布式资源相互连接的能力，更是一个汇集了多学科知识的宝库。因此，制造云也是充满智慧的学习云。此外，人工智能方法对授权决策和智能处理都很重要，如遗传算法、神经网络和进化算法。基于 1.2.1.3 中的分析结论，可提出网络化制造的知识管理框架，如图 2-5 所示。

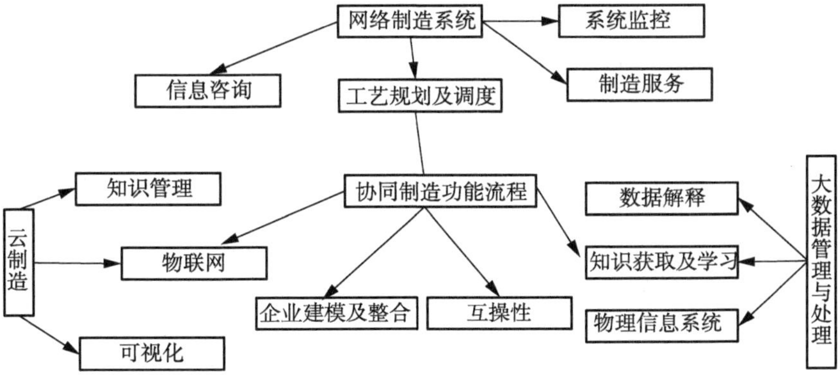

图 2-5 网络化制造知识管理框架

由图 2-5 可知，知识和人工智能技术在云制造的大部分方面都是不可避免的，基本上支持两个生命周期：产品生命周期和云服务生命周期。在此之前，知识和人工智能的进步是推动开发和提高项目生命周期所有阶段成熟应用的必要动力。知识和人工智能的进步为云服务的整个生命周期提供了支持，包括发布、存储、匹配、集成、交易、执行、收费、调度、评估等各个阶段。

2.2.3 网络化制造的数据解释与可视化

技术的提升导致一些特殊领域（如医疗和科学传感器、用户生成的数据、互联网和金融公司、供应链系统）的数据被浪费和覆盖。“大数据”一词的含义是为了捕捉这一新兴趋势。大数据除了体量巨大之外，与传统数据相比还具有其他独特的特点，例如，大数据通常是非结构化的，需要更多的实时分析。这种趋势需要新的系统架构，用于数据获取、传输、存储和大型数据处理。大量有组织的信息是在业务和逻辑研究领域中创造的，这些有组织信息的管理依赖于关系数据库管理系统（Relational Database Management Systems，RDBMS）、数据仓库、在线分析处理（On Line Analytical Processing，OLAP）和业务流程管理（Business Process Management，BPM）的开发。信息提取在很大程度上是以数据挖掘和事实调查为基础的。在过去的三十年中，这两个领域都得到了充分的发展。在这方面，一种基于表征学习的机器学习策略制定正在成为一个重要的研究领域。目前大多数的机器学习计算依赖于人类语言的描述和信息特征，这对于不同的应用问题来说是一个令人困惑的任务。深度学习计算加入表征学习，并在多个层次上描绘扩展的复杂性/反馈性。在网络商务、电子政务和医疗服务应用安全担忧的驱动下，保障信息挖掘正成为一个热门的研究领域。近十年来，随着场景信息可及性、过程揭示性和符合性检验方法的发展，手控挖掘作为另一个利用场景信息剖析形态的勘探领域而兴起。

生产者需要知识指导，制造者需要理解要测试的信息种类、要使用的传感器以及在创作过程中要在何处引入它们。例如，为了提高原材料的质量，生产商可能需要对设备的执行情况以及产品的结构进行筛选，科学研究将决定传感器的最佳设置。因此，敏捷的生产框架必须随着数据的积累而发展。首先，传感器将对现有硬件的状态进行筛选。随着对质量和熟练程度的新要求的出现，可以在最有价值的监控参数设备上添加更多的传感器。加强信息的收集、利用和共享在当今乃至未来的“工业 4.0”环境中具有极其重要的意义。在这方面，大多数组织都需要参与其中。有些人错误地认为他们的数据库太大，不值得挖掘；而有些人则担心信息使用的权威性和合法性。噪声多的或不可预测的测量数据似乎是没有什么用处的。由于高容量的、快速的信息读取需要更多的存储成本，应该重视制造过程中的信息收集以及信息被保留到何种粒度等问题。此外，大数据挖掘将涉及信息保护、保证和安全。

针对图 2-5 中的知识管理框架，本书提出以下几个原则供开发者与使用者参考：

（1）建立针对不同设备和能力的度量对于云制造的发展至关重要。现在，能力强的企业利用独特的系统和方法来整合它们分散的制造资产和能力。因此，不同的组合设备和能力最终被描述为利用独特的信息或语义模型和结构，而没有将元素、信息、分类和细节都绑定在一起。

（2）为了使设备和能力的组合跨越企业和供应链，可以利用制度化的信息或语义模型结构与虚拟资产对话。STEP、XML、WSDL 和模块化的方法可用于鼓励制度化过程，并描述用于设备和管理的信息模型和结构特征。

（3）基于云的组合创建“管理合并”的要求是一项探索挑战。虚拟云可以分为开放云和私有云。制造企业可以在大企业内部建立生产云效益，利用公众可获得的部分制造设备，安排开放云制造的效益。

（4）执行安全管理系统和策略是简化安全问题的基础。

（5）为了减少云集合接收的障碍，资产效益交换中需要考虑资产专家合作、资产效益需求者和资产效益运营者的收入、时间和可靠性，构建新型实用云是基础。为了在交换过程中增加合作伙伴的效用，应该从兴趣点研究各类客户之间的效用和协调。

2.3 基于协同规划的资源优化配置研究

随着制造资源的内容和意义不断丰富，资源类型日益丰富，资源管理工作也越来越繁重。科学合理的分类是制造资源分类系统的基本要素，对制造资源的类型进行详细的分析和描述至关重要。许多制造业资源分类的研究是从不同角度进行的。虽然制造资源及其分类差异很大，但仍存在一些共性。根据制造业资源的特点、面向服务的视角和云制造服务的提供者，可以将制造业资源分为五类，包括软硬制造、服务、制造能力等。

制造资源是制造系统的基本要素，是制造系统的核心因素，是企业生产的基础，也是资源的基础信息管理、共享和资源调度。制造资源的内涵和意义分别得到扩展，也是为了适应科学技术的快速发展。企业通过云制造技术（Cloud Manufacturing，CMfg），可以实现信息共享和不同企业、行业及区域资源的高效利用，可以帮助企业在全球市场拥有更强的竞争力。

2.3.1 协同资源优化配置研究流程

今天的制造系统由各种各样的硬件和软件组成，从不同的数控机床、机器人和可编程逻辑控制器（Programmable Logic Controller，PLC）到复杂的软件应用。这些组件通过几个通信协议分布和连接，通常负责一个或多个特定的活动。它们中的每一个都产生了关于其机械加工的不同方面的有价值的信息，而这些信息反过来又可以被其他资源利用。实际上，制造过程是相互连接的活动执行流，在任何过程中产生的信息都可以作为后续步骤的相关输入。在传统的制造系统中，这些信息通常是通过专有的、非标准化的、基于特定数据格式的通信协议来共享的。在这种情况下，资源的信息交换能力仅限于垂直的、封闭的系统内部交换。因此，每个资源只有由其他工作资源产生的数据的部分片段视图。此外，它们不能有效地访问由整个系统生成的聚合数据的整体视图。在这种情况下，车间内产生的大部分相关信息没有被充分利用来获得近乎实时的相关信息，例如故障检测。为了克服这一差距，探索和确定一个有效的信息通信系统是至关重要的，它能够互连和同步一个制造系统的资源。特别是 IIoT 资源的行为和操作在很大程度上依赖于其他连接资源中发生的状态变化，因此，这种设想的通信系统必须能够通知相关资源之间的这些变化。该功能中，每个资源都可以发送消息，例如在产品更改位置时或者当机器完成其工作时。

本小节的工作就是朝着这个方向进行的，其目的是构思、设计、实现和演示这样一个集成制造的框架。通过这种方式，每个资源都可以对链信息有一个整体的视图，这样就可以根据业务和操作环境的变化做出决策。新制造系统模型的动态性和分布式特性充分利用了“工业 4.0”原则，可以为构想和实现这样一个框架提供有效的帮助。它的实现需要对传统分布式系统的体系结构进行重新思考，从而找到一种解决方案，通过调解和协调相关资源之间交换数据描述上的差异来增强互操作性。所设想的框架必须获取接近实时的数据，这些数据可以被获取、分析并转换为相关的知识，以便随后分发给相关的资源。因此，应该特别关注大数据管理，即数据集非常复杂和庞大的、很难得到传统软件工具支持的数据管理。综上所述，本节研究的目的是寻找以下研究问题的答案：

（1）制造公司应采用什么架构，才可向生产资源发出有关资讯的通知？

（2）应该采用哪些技术来克服妨碍这种传播的资源互操作性问题？如何将选择的技术集成到框架中？

（3）该框架在实际场景中如何应用？应用到何种程度？

在生产电子组装件的工厂里，生产布局是由几个可以进行不同操作（如钻、铣等）的工作站组成的。此外，产品组件可以按照特定的顺序在相同或不同的工作站进行各种操作。因此，每个产品组件被放置在不同的托盘上，通过传送带系统沿生产线运输。为了使这个过程更有效和高效，重要的是要自动地将托盘移动到最近可用的工作站上，利用关于所有工作站上可用状态的信息。

为了实现这一目标，有必要通过本地化和路线分析功能来完善生产系统，从而监控和优化各种托盘在传送带上的位置。因此，各种设备被安装在整个车间，包括：

（1）一组监测托盘位置的智能传感器；

（2）优化中心，为一种模拟工具，阐述托盘的位置和工作站的可用状态，以确定优化的托盘路线；

（3）一组智能执行器，与车厢相连，允许改变托盘在传送带上的路线；

（4）最近的服务，根据托盘的位置提供最近的可用工厂服务的列表。

传感器获取的数据必须通过消息或事件发送给优化器，优化器必须计算每个托盘的最佳路径。如果优化器认为托盘路径是可优化的，则应通过指定的消息或事件将此信息通知给运输托盘的运输装置连接的传动中心，如图 2-6 所示。

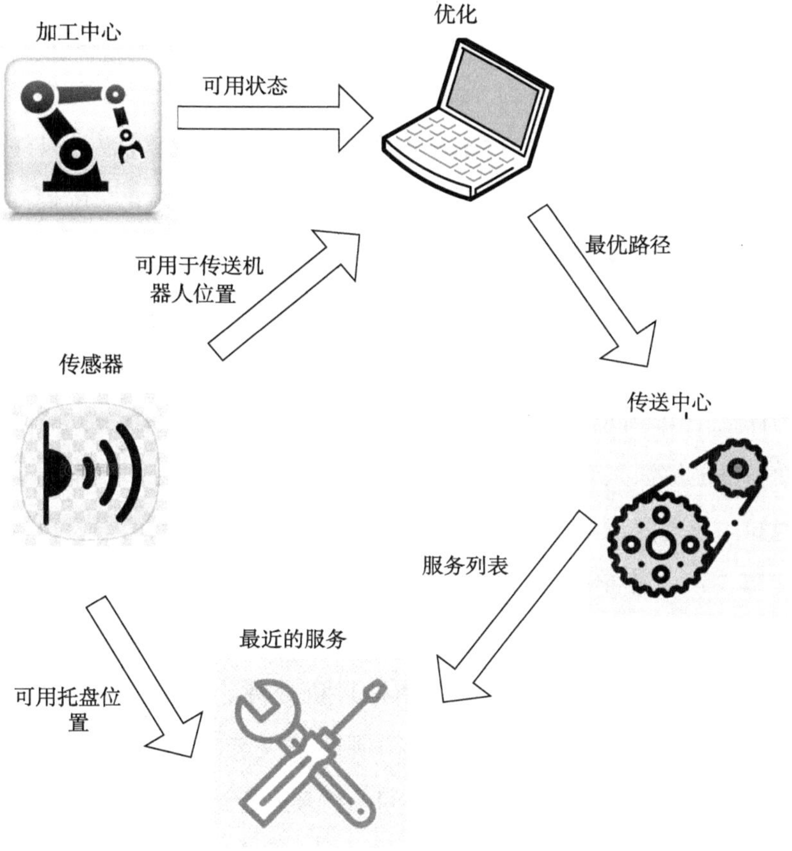

图 2-6　资源优化工作流程

2.3.2 协同资源优化配置研究框架

针对 1.2.3.2 中提出的第一个研究问题，本小节提出了资源交互的虚拟集成制造框架，这是一个集成框架，用于开发满足 1.2.3.2 中提出的需求的中间件体系结构，如图 2-7 所示。资源交互的虚拟集成制造框架使生产资源之间能够进行适当的交互，增强了它们向其他相关资源传播其环境中发生的状态变化相关信息的能力。资源交互的虚拟集成制造框架将三种主要技术（面向消息的中间件、语义 Web、代理技术）集成到框架中，以克服信息消费者和生产者之间的互操作性问题。利用这些技术，资源交互的虚拟集成制造框架允许将新出现的信息分发到工作层（第 1 层，现实工厂）中部署的相关的资源，这些资源可以注册自己，以便得到关于共享知识中一个或多个相关元素状态变化的通知。来自真实工厂的异构数据通过基于云的平台（第 2 层，工业互联网）发送，在这个平台上处理这些数据以获得有用的信息。云平台保证了整体架构的横向可扩展性，还将各种功能公开为微服务。对新出现的相关信息的评估是由中间件（第 3 层，“发布—订阅”中间件）持续执行的，该中间件能够识别知识库的更新，并向与信息相关的订阅者发出最终更新通知。物理资源的价值和能力通过它们的虚拟化得到增强，以数字模型（第 5 层，数字孪生）的形式实现，可以与实际工厂同步。利用 SWT 技术数字孪生，通过引用所有资源共享的模型来显式定义工厂对象的语义。此外，数字孪生时，由推理机处理这些实时的信息（第 4 层，推理机），它可以采取一些预防或纠正决策应用到真实的工厂层，从而关闭了真实世界和虚拟世界之间的循环。在这种情况下，会产生一个循环的数据流程，数据从物理资源流向分析系统，然后以控制反馈的形式返回到物理资源。预期在制造系统内采用所建议的架构可带来多方面的好处。其中最重要的有以下几点：

（1）增强生产资源的语义互操作性，这也有助于抽象它们的复杂性，从而简化它们的交互。

（2）事件生产者与事件消费者完全解耦，从而克服了传统中间件解决方案的限制，支持生产者与消费者之间的灵活合作机制。

（3）与基于轮询的解决方案相比，因为数据只在发生更改时发送，网络使用方面的效率更高。

（4）简化了整个架构的设计和部署，因为虚拟集成制造框架是在几个构建块的基础上构建的。

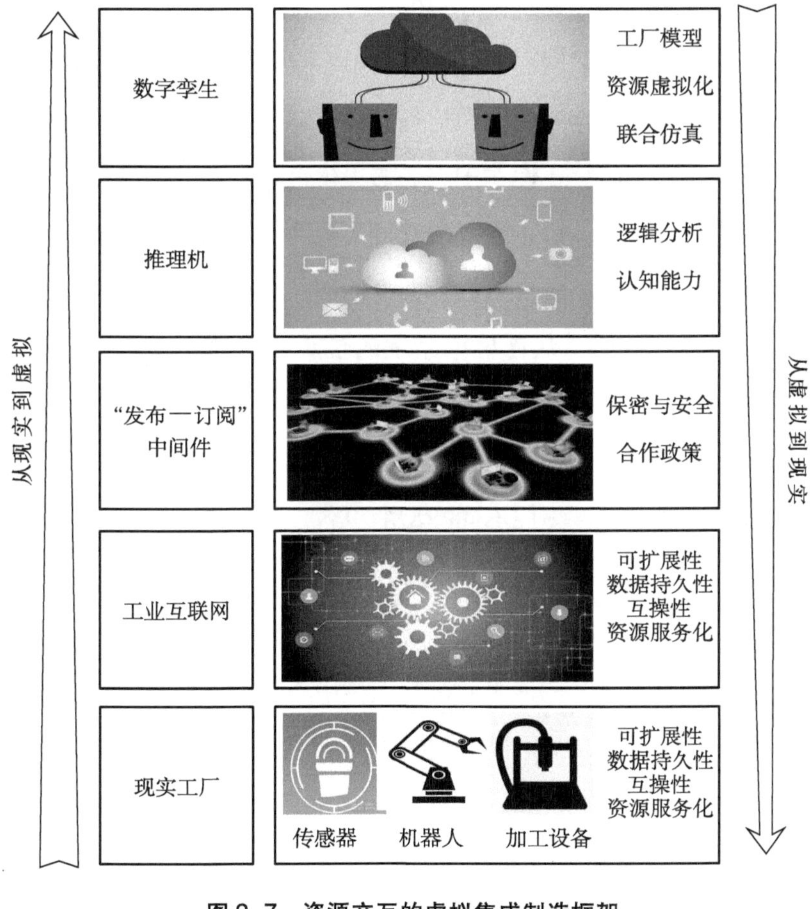

图2-7 资源交互的虚拟集成制造框架

2.3.3 资源交互的虚拟集成制造框架层次结构

本小节详细探讨了资源交互的虚拟集成制造框架的各个层次，特别是如何设计它们以满足 2.3.2 中所述的要求。

第 1 层，现实工厂。这一层负责从生产资源中收集重要数据，不同种类的传感器分布在车间测量来自真实世界的属性。在这个层次上，可以对数据进行语义上的丰富，以丰富它们的含义。这种丰富可以通过从遗留模型到语义模型的转换过程来实现。然后，数据可以通过遥测数据流的形式从真实的工厂发送到虚拟的工厂。

第 2 层，工业互联网。这一层扮演中心集线器的角色，连接网络的每台机器所收集、保存和处理的信息。在资源交互的虚拟集成制造框架的背景下，云计算的重要性在于它能够提供可扩展和分散的信息处理和数据管理能力。任何驻留在云上的、持久化的、来自车间的数据库都可以充分利用这一功能。事实上，云会自动虚拟化可用的硬件和软件资源（例如服务器的节点），从而根据系统的负载进行伸缩。云技术还提供了可以通过互联网在全球范围内访问的增值服务。包括遗留系统在内的所有设备都可以通过云层提供的接口向车间提供/使用数据，该接口可以支持各种协议，允许集成不同类型的设备。

第 3 层，“发布—订阅”中间件。“发布—订阅”中间件充当一个连接器，在底层事件源（发布者）和消费者服务（订阅者）之间进行数据交换。它通过对客户透明的机制提供中心点调度信息，利用高效的基于 SWT（第 5 层）的事件驱动模型。通过这种方式，连接的资源可以在语义模型的基础上协作，通过语义模型，相关设备可以共享信息。“发布—订阅”中间件还支持消费者独立的硬件互操作性，从而支持设备的轻松集成，即使基于异构技术。任何资源都可以同时作为某些相关信息的使用者和其他类型信息的来源。与基于轮询的模型相比，该解决方案在性能方面更高效。实际上，由于消费者不必通过连续查询来轮询数据以获得有关数据更新的信息，“发布—订阅”中间件可以减少语义查询的带宽成本，以及客户端和服务器端所需的工作负载。

第4层，推理机。这一层允许对车间的数据流进行近乎实时的逻辑推理，包含和推断关于数字孪生（第5层）中表示的主要概念的新知识，从而提取新的知识（例如关于机器的状态）。这种能力称为流推理，可以更好地支持大量并发用户的决策过程。然后，可以通过“发布—订阅”中间件将推断出的知识传播到相关的资源，这些资源可以使用推断出的知识做出一些决策，从而应用适当的操作。所采取的最终纠正或预防决策对实际工厂层有影响，从而关闭了真实世界和虚拟世界之间的循环。为了实现这个闭环，推理引擎与一组推理规则配对，利用这些规则进行自动推理。考虑到代表工厂（第5层）的数字孪生的元模型，规则是形式化的。

第5层，数字孪生。语义数字孪生是工厂真实世界的数字图像，代表其概念、结构和行为方面，这些都是根据不同层次的细节指定的。在资源交互的虚拟集成制造框架中，数字孪生以语义模型的形式表示，该语义模型明确定义了所表示的工厂对象的语义。该模型由连接到框架的所有分布式资源共享，从而提供了对资源在知识交换过程中采用的词汇表的统一理解。此外，数字孪生允许以虚拟代理的形式支持物理资源的虚拟化，这些虚拟代理可以代表相应的真实副本。本研究并未涉及数字孪生语义模型的开发，因为本研究中的模型只是展示整体方法可行性的一种手段。由于这一点，资源交互的虚拟集成制造框架方法的适用性基于这样一个假设，即已经选择了一个现有的（或从头开始设计的）语义虚拟模型来显式地定义工厂对象的语义。

第 3 章

运作层 DOPR 协同制造研究

作为德国的一项战略举措，“工业 4.0”被视为第四次工业革命，其目标是使用先进的信息和制造技术创建智能工厂，如信息物理系统和物联网的广泛应用。智能的制造系统提供了重新配置其组织结构和集成其操作流程的机会，以满足动态和全球市场的需求。在“工业 4.0”的背景下，最近操作流程的集成受到了相当大的关注，尤其是在分布式制造系统中。在分布式制造系统中，有几个独立的工厂可以通过协作生产相同的产品。

制造业调度作为典型的操作过程之一，近几十年来得到了广泛的研究。值得一提的是，分布式制造系统经常使用 Job-shop 或 Flow-shop 调度。由 1.2.2 中的文献综述可知，在分布式的调度研究中，首先，假设所有的工厂都是一样的；然而，在实际的分布式制造系统中，不同的工厂往往采用不同的设备和技术。其次，调度目标集中在传统的标准上，如最大完工时间和总延误。但有的情况下能源消耗也是一个制造业必须考虑的问题——可持续发展的问题。最后，应该被关注的问题是在制造过程中经常发生的、不确定的系统性问题。本章的研究重点是一个包含多个分布式工厂的分布式制造系统的调度问题。在每个工厂中，都有一个独立的、不相同的流程车间，由几个串行机器来处理一组作业。本章的研究设计了一种集成的调度方法，使这些工厂能够协同运行，并将这两个目标函数定义为总延迟最小和能源消耗最小。为了提高系统对生产过程中各种中断的恢复能力，作业处理时间被认为是不确定性的一个来源。

3.1 作业计划的多目标协同优化方法

在制定出合理的运作层作业计划后，现场加工过程中的随机扰动会造成计划与原有目标的偏离。执行层考虑现场动态实时信息，针对计划执行过程中的扰动通过动态调度实现现场变化的敏捷响应和实时协同。基于现场实际约束进行动态实时优化，将扰动造成的影响降到最低。

3.1.1 基于变批量的零件计划调整方法

针对作业调度实时性、敏捷性和动态性差的问题，基于现场实时信息的动态调度方法，研究动态调度模型，并将优化模型参数化，存储在模型库中，为模型完善、模型重用、模型管理以及优化仿真奠定基础；研究智能调度算法，分析智能优化算法的复杂性、收敛性和鲁棒性，以满足大规模、动态问题求解的性能需求；构建算法库，通过优化算子的组装和调配，实现优化算法的重构以及不同优化算法的有效管理；研究调度引擎技术，基于模型库、算法库实现优化方法的快速配置。

立足制造资源瓶颈，采用智能优化方法，探讨车间生产的瓶颈辨识方法，攻克动态瓶颈驱动下的调度策略，基于瓶颈的新型智能优化方法，大规模优化算法收敛性、稳定性和鲁棒性等性能分析等关键方法，解决生产管理中大规模动态资源约束下调度优化问题；采用模型与算法分离、调度引擎关联的方法，基于模型库、算法库构建通用的仿真使能工具，实现不同优化模式、不同优化策略、不同算例规模下的车间调度问题的优化求解，如图 3-1 所示。

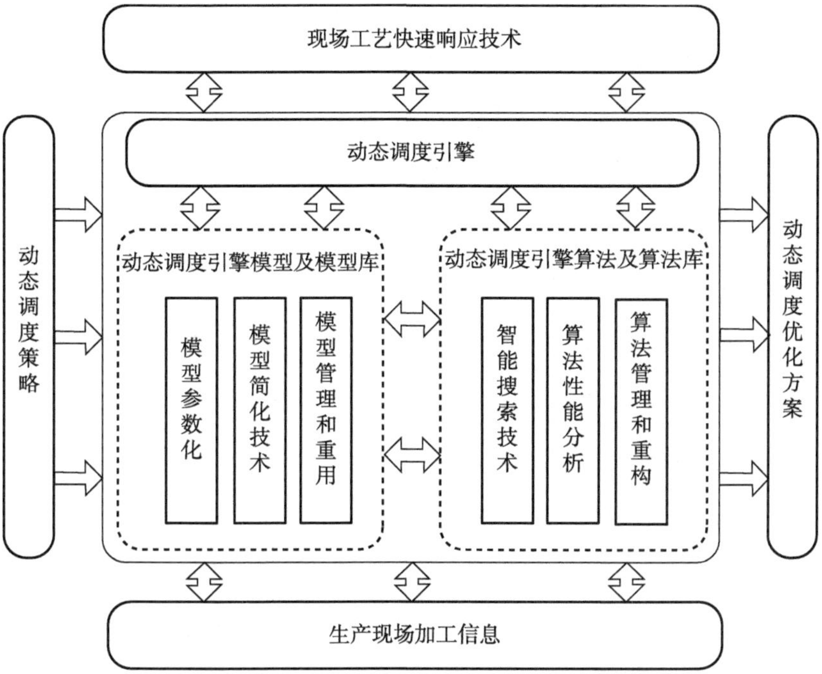

图 3-1　基于实时信息的动态调度研究方案

（1）基于动态瓶颈驱动的调度策略研究。瓶颈是控制系统有效产出的主要限制，因此，重视瓶颈存在的重要作用，并对瓶颈作用加以利用，突出一切活动立足瓶颈并首要满足瓶颈的限制，以保证瓶颈的充分利用和持续改善。因此，应研究基于瓶颈的生产优化调度策略，为后续的建模、算法等奠定基础，并区分瓶颈调度和非瓶颈调度，首要考虑瓶颈资源的优化调度，然后再进行非瓶颈资源的调度。在整个系统的调度决策上，瓶颈资源具有优先选择权，将被充分利用，从而使系统的性能达到最优。另外，考虑到随着生产现场加工的进行，可能出现瓶颈漂移现象，因此，研究基于动态瓶颈的优化策略是生产管理走向实际应用的关键环节。

（2）动态调度模型及模型库研究。考虑现场动态状况，研究作业调度模型。基于约束理论，区分瓶颈资源约束和非瓶颈资源约束，通过剔除非瓶颈资源约束，减少模型约束的数量，降低模型的复杂度。针对不同的实际问题构建不同的优化模型，并将优化模型参数化，存储在模型库中，为模型完善、模型重用、模型管理以及优化仿真奠定基础。

（3）动态调度算法及算法库研究。考虑到动态调度是典型的 NP 困难问题，基于智能搜索算法，构建新型优化算法。针对当前智能搜索算法存在搜索效率低、搜索稳定性差、最优参数难以确定等不足，改进搜索机制，使其搜索过程始终限定在可行的搜索域中，并朝着优化的方向进行。分析智能优化算法的复杂性、收敛性和鲁棒性，保证算法的有效性，满足大规模、动态问题求解的性能需求，使实际问题求解成为可能。研究参数动态调整的优化算子，并将不同操作算子进行模块化封装，以适应算法的快速调整和问题的规模变化。构建算法库，通过优化算子的组装和调配，实现优化算法的重构以及不同优化算法的有效管理。

3.1.2 分布式生产计划研究方法

针对订单任务不均衡，以及各制造单元生产任务的分布不均等问题，研究任务组合优化方法，以实现多订单任务的组合优化；研究基于协商机制的任务均衡方法，以实现优选订单的均衡分解；研究基于冲突消解策略的任务分配方法，以实现制造单元之间的任务优化分配。如图 3-2 所示。

（1）任务组合优化方法。基于工艺分工、外包商资源库、制造单元资源库和优选知识库建立考虑外包的任务组合优化统一模型，在此基础上，通过对瓶颈和非瓶颈的定义和归类，建立简化的可求解模型；通过将约束理论融合到智能搜索算法中，保证任务优选算法的高效和实用；建立快速智能的产品组合优化仿真平台，通过数学规划与仿真手段实现任务的组合优化，并向工艺分工反馈任务组合优化结果。

（2）基于协商机制的任务均衡方法。企业内制造资源有限，制造单元之间的资源又存在交叉和不平衡问题，导致任务均衡分配难度较大。通过研究任务协调机制，建立任务均衡处理的基本框架；研究组合任务分解方法，实现复杂产品的部件、组件的层级分解；结合动态工艺分工，研究任务动态均衡方法，实现分工任务的阶段性动态均衡，并将任务均衡结果向工艺分工模块反馈。

（3）基于冲突消解策略的任务分配方法。制造单元生产现场动态随机因素较多，阶段性均衡任务在各制造单元发布时不可避免会产生资源挤占冲突。通过研究基于冲突消解策略的任务优化分配方法，结合动态优化的工艺分工信息，缓解或者消除资源挤占冲突，优化分布式计划。

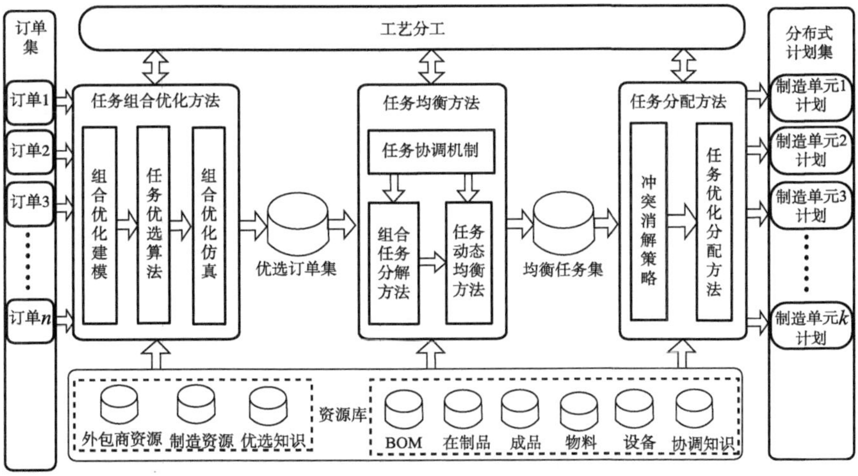

图3-2 分布式生产计划研究方法

3.1.3 基于动态工艺规划的作业计划多目标协同优化评估方法

在动态工艺规划技术的研究中，基于统一的平台模型，采取面向对象方法建立动态工艺数据模型，突破传统工艺规划方法所建立的确定工艺数据模型；通过对车间限定资源（工艺路线、工序、机床设备、工艺装备等）约束下的多工艺规划方法的研究，形成路线可选、操作可选、设备可选、工装可选、物料可选的决策方法，以支持动态制造资源约束下的工艺动态选择；研究车间工艺和生产的协同工作模式；研究动态制造资源约束下的多工艺优选算法与优化技术，产生最终现场指导生产的工艺规程。动态工艺规划的处理步骤如图 3-3 所示。

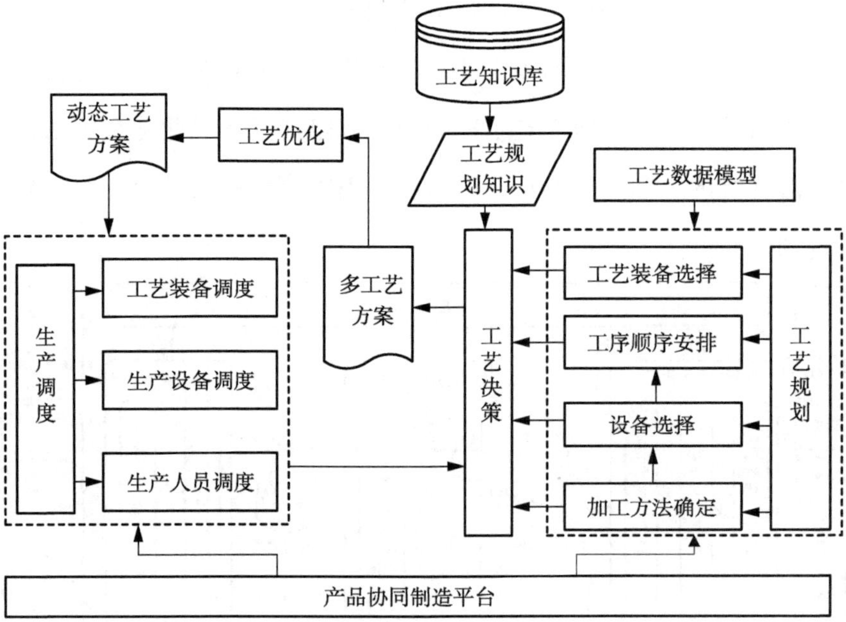

图 3-3 动态工艺规划处理步骤

（1）建立动态工艺数据模型，在工艺规划阶段与生产调度协同，考虑可选路线、可选操作、可选设备、可选工装和可选物料等。

（2）在车间限定资源（工艺路线、工序、机床设备、工艺装备等）的约束下，在工艺知识库的支持下，工艺生产协同完成动态工艺规划，形成多工艺方案。

（3）基于动态制造资源约束，采用动态决策方法生成生产调度动态适应的工艺方案，并面向确定的工艺优化指标，进行工艺优选与优化，产生最优工艺规程。

3.2 制造资源的快速准备方法

制造系统是一个复杂的随机系统，它使用资源（设备）来处理发布到系统中的作业（零件），并输出多种类型的产品来满足客户的需求。制造系统的计划人员通常必须做出有效的生产安排，例如分配到每个工作站的灵活机器的数量，以便在计划期间进行处理，以及制定要释放到制造系统的作业数量的生产计划。这种资源配置能力对制造企业而言具有战略重要性。制造企业需要有能力创建资源分配计划和生产计划，以帮助公司在按时交付客户订单的同时又能有效地控制总生产成本。

在先进制造业中确定可靠的资源分配方案和生产计划是一项极具挑战性的任务，也是科学研究的重点领域。由于复杂产品制造系统的高度非线性和随机性，数学规划模型的适用性也是有限的，需要考虑的因素包括进程时间的随机变化、复杂的排队策略、作业重新进入工作站和机器故障。对于一个给定的资源分配方案和/或生产计划，制造企业可以使用离散事件仿真预测多个性能指标并选择一个来估计与执行的差距。这种仿真技术能够考虑到现场制造中的所有影响资源分配的因素。尽管基于仿真的制造系统分析具有较强的能力，但它常常面临计算效率方面的重大挑战。高保真度仿真运行起来非常耗时，许多资源分配方案和生产计划都可能需要在不断变化的市场环境和/或重要的流程级干扰下进行评估或重新评估。通常，仿真模型仅用于进行“前瞻性”分析，制造企业管理者使用仿真来预测一小组备选决策的性能，并选择一个可能会产生最佳性能的决策。当有少量可供选择的决策要评估时，制造企业管理者可能运行足够数量的仿真重复，以将仿真输出中的噪声降低到可忽略的水平，并正确地选择最佳决策。

本节针对车间设备、工装和物料等制造资源准备周期长、响应速度慢和准备计划不准确等问题，研究工装快速准备方法，通过工具准备包一体化配送方式，缩短生产准备周期；研究基于优先级的虚拟预配套方法，提高车间零备件配套的预见性和及时性；研究基于数据挖掘的期量标准修订技术，提高生产准备计划的准确性和可行性。

3.2.1 工装快速准备方法

生产现场管理与控制的有效与否直接影响产品生产过程的低耗、敏捷、顺畅。通过实时采集现场生产工况，为生产管理提供第一手资料。研究制造系统在动态、实时变化的环境中的生产过程的进度、状态、质量等控制管理技术，辅助生产过程的决策支持，实现生产过程自动化及闭环生产管理。

车间作为零部件生产的具体执行环节，其动态性、及时性和响应性要求较高，而车间制造资源的有效组织是零部件生产的前提和基础，制造资源的快速准备作为车间调配资源的有效手段，对于提高车间现有制造资源的利用率、缩短生产准备周期具有重要作用。

在规划层确定出各车间（包括虚拟制造单元）的资源优化配置基础上，根据车间作业计划的时间进度要求，依据工艺路线对制造资源的预配置结果，结合制造资源的期量标准，综合平衡后得到计划期内的资源需求计划，如设备能力需求计划、工具需求计划和零组件需求计划等；针对各类制造资源需求计划，分别采用设备冲突协调机制、工装快速准备、虚拟预配套等技术支撑，实现资源需求计划到资源执行计划的转换和映射；依据资源准备层的设备维护计划、工具配送计划和零备件准备计划，指导车间现场制造资源的快速准备和优化配置。车间制造资源快速准备方法的实现方案如图3-4所示。

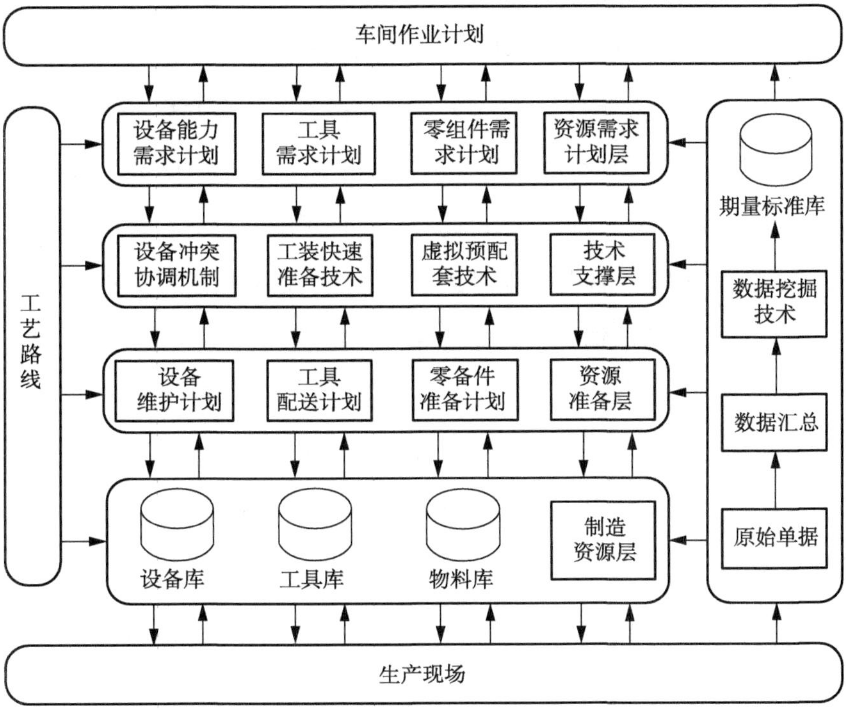

图3-4 车间制造资源快速准备方法的实现方案

（1）设备冲突协调机制。车间加工设备的定期维护保养是保证设备良好运转的必要手段，而车间作业计划又要求现场设备尽可能满负荷工作。针对设备的维护和使用之间存在的需求冲突，拟采用设备冲突协调机制，通过任务、时间、成本等因素的综合平衡，以及工艺路线的调配等方法，在满足作业计划设备占用的前提下，安排设备资源的维修保养计划。

（2）工装快速准备方法。以工具需求计划为基础，综合平衡在库量、使用量、准备周期、消耗定额和任务优先级等多种因素，编制工装准备执行计划；通过工装准备执行计划，组织、配置工具类制造资源，形成以服务零部件生产为目标的一体化工具准备包，并以工具准备包配送方式，满足车间作业计划对工具快速准备的实际需求。

（3）虚拟预装配方法。针对具有配套关系的组合件生产，其零备件类制造资源的合理配置至关重要。采用虚拟预配套方法，通过组合件的 BOM 预配套，得到车间零备件的成品预配套量和缺件量，从而为车间作业计划编制提供数据支撑；针对零备件预配套量不能满足计划交付量的问题，采用基于任务优先级的配套方法，优先保证急件的零备件供应，实现在资源短缺情况下的零备件合理配置。

（4）期量标准修订方法。工具消耗定额、材料定额、安全库存量等期量标准，对于编制资源计划具有基础性作用。积累大量生产现场各类制造资源的运行数据，在数据分类汇总、统计和分析的基础上，通过数据抽取、转换和装载，运用数据仓库和数据挖掘等方法，建立各类制造资源的期量标准数据库，通过不断的数据积累来修订、完善期量标准。

3.2.2 基于协同规划的资源优化配置方法研究

制造资源作为协同制造的基础，是生产计划和工艺规划之间协同的桥梁和纽带。企业级各车间任务均衡是保证最终产品按计划节点交付的前提，而任务均衡划分的手段是制造资源的优化配置，因此，制造资源的优化配置是保证企业均衡、有序和高效生产的关键所在。

基于协同规划的资源优化配置从企业总体和全局的制造资源均衡性出发，以平衡各承制车间的制造能力为目的，在统一的制造资源总库基础上，采用两级递进的制造资源配置策略，通过基于工艺分工的资源预配置和基于任务均衡的资源优化配置，以及多目标的资源配置优选方法，实现企业范围内的资源优化配置和任务均衡分配。基于协同规划的资源优化配置方法的研究方案如图 3-5 所示。

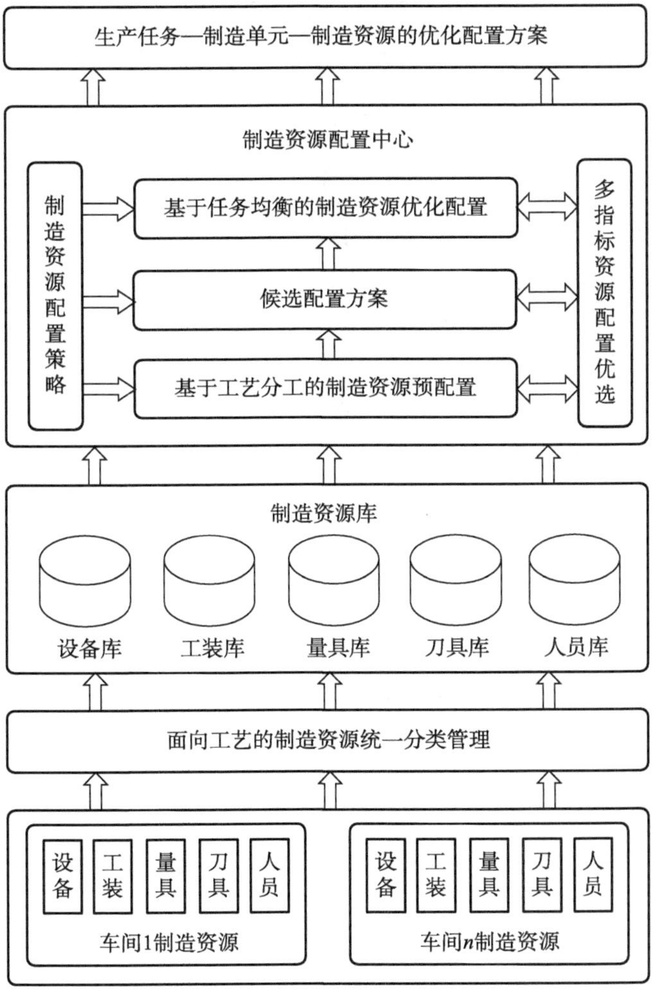

图 3-5　基于协同规划的资源优化配置方法

（1）制造资源库的构建方法。以各车间制造资源为基础，依据制造特征和工艺相似性，采用面向工艺特征的制造资源统一分类方法，构建企业层的各类制造资源总库。制造资源总库的构建克服了现有车间资源存在的分散、割裂等弊端，为企业层的工艺分工和资源配置奠定了基础。

（2）制造资源配置策略。传统的固定生产组织方式无法在时间上根据加工任务的变化动态组合制造资源，限制了制造系统的柔性和敏捷性，同时造成了制造资源的浪费。因此，引入“虚拟制造单元”的构建方法，将企业内的所有制造资源视为共享资源库，根据生产任务的变化，在企业共享资源库内选择合适的资源组成不同的虚拟制造单元；在虚拟制造单元的基础上，以组成制造系统各个层面的配置过程作为突破口，遵循两级递进的制造资源配置策略，分别以工艺分工和生产计划为配置源，实现资源配置粒度由粗到细和配置过程的逐步优化。

（3）基于工艺分工的制造资源预配置方法。在制造资源配置策略的指导下，首先以工艺分工为驱动，通过工艺相似性原理对制造任务中的各零件进行归类，形成零件族。然后在分析各零件族的加工特点的基础上，结合制造资源库中相关资源的方法规格和性能参数，确定各零件加工任务所需的候选制造资源，以界定和缩小资源选择范围，降低后续资源优化配置的计算复杂度，实现制造资源的预配置。

（4）基于任务均衡的制造资源优化配置。以制造资源预配置的输出结果作为输入，以实现任务均衡分配和资源优化配置为目的，综合考虑生产任务的交货期、交付数量、生产成本、制造资源约束、工艺分工等因素，建立制造资源优化配置模型；针对优化配置中不可避免的资源冲突问题，采用资源冲突消解方法，通过竞争机制、协调机制和仲裁等手段，实现资源冲突消解和优化配置；运用多指标资源配置优化方法，评估、筛选配置方案，最终输出包括生产任务—制造单元—制造资源的优化配置结果。

（5）多指标资源配置优选方法。综合考虑制造资源的适用范围、可用能力、性能参数、工艺特点、任务负荷和使用效率等因素，采用层次分析法（AHP）等方法确定各评价指标的权重；基于不同时间、不同生产环境下各指标的差异性，采用可定制的优选策略，根据实际生产工况确定权重系数，以满足对制造资源配置的个性化优选需求。

3.3 预测制造

20世纪80年代末，交通变得便宜、快捷，制造业开始全球化。由于这种全球化，跨国公司通过协同网络连接它们在地理上分散的工厂。从跨国企业的角度来看，沟通的便利也使小企业能够与大企业合作，大企业可以将其非核心竞争力外包给小企业。因此，一个大企业和一些小企业的合作构成了一个大的制造网络，该制造网络使小企业与大企业有了合作的基础。一组这样的制造公司被称为协作网络组织（Collaborative Network Organization，CNO）或虚拟养殖环境（Virtual Breeding Environment，VBE）。

在预测制造系统中使用基于决策树的本体模型是一种新颖的方法，已有文献对此进行了验证。其有很多分类系统，比如决策树算法等。决策树算法由于其简单的性质被一些研究人员广泛应用于预测和分类问题。此外，决策树模型和本体结合使用的研究表明，它是分类和聚类领域的一个热门研究问题，因为基于本体的集群比典型的决策树集群更高效、更灵活。

该研究旨在为制造网络创建一个人工智能预测模型，可以帮助项目管理公司将新收到的订单分配给其供应商。研究目标是通过开发一个基于决策树算法的本体模型，利用决策树工具创建，并借助基于语义分析的网络制造规则映射到本体中实现的。利用 MATLAB 程序从决策树模型中提取基于语义分析的网络制造规则。在这项工作中实现了良好的自动化水平，这限制了大量手工数据输入，并使模型能够用于大量数据。如图 3-6 所示。

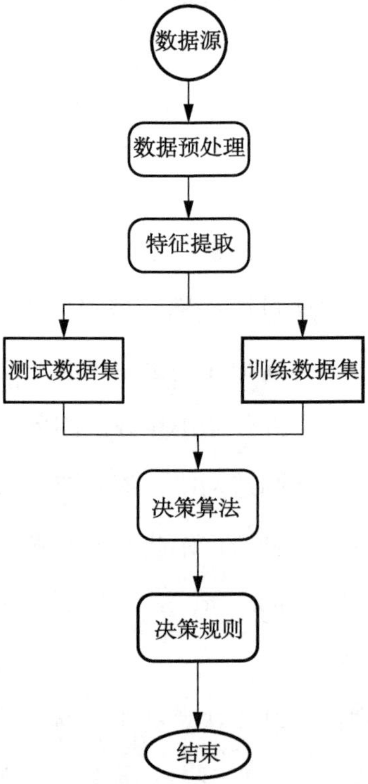

图 3-6　基于决策规则的预测方法框架

第 4 章

执行层 DOPR 协同制造研究

智能制造和“工业4.0”制造环境将制造过程的物理和决策方面集成到自主和分散的系统中。这些系统的一个主要方面是生产计划，特别是机器上的调度操作。制造车间在制定出合理的运作层作业计划后，现场加工过程中的随机扰动会造成计划与原有目标的偏离。执行层考虑现场动态实时信息，针对计划执行过程中的扰动，通过动态调度实现现场变化的敏捷响应和实时协同。基于现场实际约束进行动态实时优化，将扰动造成的影响降到最低。本章主要针对先进制造企业作业调度实时性、敏捷性和动态性差的问题，研究基于现场实时信息的动态调度方法；研究动态调度模型，并将优化模型参数化，存储在模型库中，为模型完善、模型重用、模型管理以及优化仿真奠定基础；研究智能调度算法，分析智能优化算法的复杂性、收敛性和鲁棒性，以满足大规模、动态问题求解的性能需求；构建算法库，通过优化算子的组装和调配，实现优化算法的重构以及不同优化算法的有效管理；研究调度引擎技术，基于模型库、算法库实现优化方法的快速配置。生产现场管理与控制的有效与否直接影响产品生产过程的低耗、敏捷、顺畅。通过实时采集现场生产工况，为生产管理提供第一手资料。研究制造系统在动态、实时变化的环境中的生产过程的进度、状态、质量等控制管理技术，辅助生产过程的决策支持，实现生产过程自动化及闭环生产管理。

4.1 基于实时信息的动态调度方法

"工业 4.0"是价值链组织的技术和概念的总称。在"工业 4.0"的模块化结构智能工厂中，信息物理系统（Cyber-Physical Systems，CPS）监控物理过程，创建物理世界的虚拟副本，并进行分散决策。通过物联网，CPS 实现了与人和物之间的实时沟通与合作。通过服务互联网，价值链的参与者提供和利用内部和跨组织的服务。在这个制造的新框架中，CPS 将计算系统与物理过程集成在一起，作为这个新范式的基本组成部分。CPS 的另一个优势是生成生产过程的虚拟副本，通过云计算简化其远程管理，进而允许将生产环境视为云制造的体现。其他概念与 CPS 相结合产生了新的概念，如信息物理制造系统，它代表了与环境相连接的子系统的集成以及在这些增强的"工业 4.0"环境中的子系统。CPS 的优点在于能够直接链接更高水平的车间决策支持系统，提供实时数据监测系统以及给车间迅速适应决策支持系统输出的能力。这些新的制造结构将引起生产计划执行方式的变化。在"工业 4.0"的智能制造过程中，调度过程的内在重要性变得更加突出，智能调度是 CPS 研究的主要挑战之一。制造调度系统（Manufacturing Scheduling Systems，MSS）需要计算机的支持来做出决策，由人工调度人员熟练地执行。MSS 和调度程序的集成能够解决所有的调度问题，无论是标准的还是动态的。这种安排的优势在于它将计算速度与人类调度器的专业知识结合起来，后者可以评估意外事件的相关性并做出选择。这意味着实现调度过程的完全自动化需要为 CPS 提供支撑工具来替代调度人员。在这个替换过程中，最困难的部分是合并人类的决策过程，这使得制造调度系统成为一个"黑匣子"。

4.1.1 基于现场实时信息的动态调度方法

4.1.1.1 动态调度问题

操作计划的选择是生产计划过程的一部分。更准确地说，是计划实际执行之前的最后一个阶段。调度涉及在前一个计划阶段生成的工作流中分配可用的生产资源。时间表的选择需要生产过程的详细描述和大量信息的处理。从直观上看，这些决策问题具有很强的组合性，因而具有较高的复杂性。一个调度问题是在一个机器集合 M 上分配一个作业族 N，其中 $M=\{1, 2, \cdots, m\}$，$N=\{1, 2, \cdots, n\}$。每个作业 J 包括 O_j 类的操作，其中 O_{ij}表示第 j 类操作必须在设备 i 上执行。在第 i 类设备上执行 O_j 的时间，即执行 O_{ij}所需要的时间为 P_{ij}，其中$P_{ij}\in\mathbb{N}$。O_j 的操作在加工中所处的顺序为 R_j。调度的目的是找到一个任务的调度 π，使其在一组设备上产生一个最优值 $F(\pi)$，F 表示目标函数。调度问题高度依赖于生产设置的实际细节（作业车间、流程车间等）。这意味着，不同的参数（交货日期、准备时间、等待时间等）和不同的目标函数（最大完工时间、总延误、最大延误等）要求对一般问题做出不同的表述。

动态调度在过去已经得到了广泛的研究，由于获得实时信息的可能性越来越大，研究者对这个问题又重新重视起来。与上面描述的一般问题相比较，其不同之处在于涉及计划，而不可预见的事件打断了计划的执行。例如：如果一台机器由于某些故障而停止服务，那么分配给它的操作必须重新定向到其他机器，重新安排生产过程。这个问题在实际生产中非常重要，如果处理不当，可能会造成巨大损失。突发事件可能有两个主要来源，要么是制造资源的问题，要么是作业本身的问题。制造资源可能包括机器故障、操作人员患病、缺货、工具故障、装载限制、到货延迟、材料短缺和有缺陷的材料等。涉及作业的突发事件包括紧急作业、作业取消、到期日期更改、作业的早到或晚到、作业优先级的更改和作业处理时间的更改等。面对中断生产过程的事件，存在不同的策略来处理并重新调度任务。有一类策略纯粹是反应性的，即在事件出现的过程中进行决策，例如：在生产订单到达车间时发送作业，而不是从初始计划开始时。另一种策略具有“预测—反应”特性，在制造系统中更常用。“预测—反应”式调度是一个多阶段的过程，在这个过程中，调度会根据实时事件进行修改。在第一个（预测性）阶段，生成一个计划作为问题的解决方案，而不考虑可能的中断。在接下来的阶段（反应性阶段），原计划被修改以处理不可预见的事件，其中需要假设不会出现其他事件。每次需要重新调度时都会重复此操作。有一些策略是从假设决策过程中的不确定性开始的，这就是鲁棒“预测—反应”调度。这种策略使原始调度更加鲁棒，以确保对最终中断和随后的重新调度性能的影响更低。另外，鲁棒主动调度为每个操作提供了额外的处理时间，使调度避免了某种类型的不确定性，减少了潜在的重新调度的数量。动态调度的一个重要方面是，它考虑到当中断发生时生产过程已经在进行这一事实。不考虑这方面的重新调度可能会导致大量的修改，从而导致额外的损失。例如，停止正在运行的作业、修改已经实现的分配或将作业从一台机器转移到另一台机器等引起的损失。减少这种不必要的变化的一种方法是将必须更改最初计划的开始日期的工作数最小化后纳入目标函数。

4.1.1.2 逆调度问题

通过对于逆调度问题的分析，使用开发的工具可以解决逆向优化问题。一般使用最优决策变量的最优值来推断模型参数的值，包括成本系数、约束值等。这表示给定一个解是最优的，模型的参数就确定了。反优化问题中的变量（可调节参数）可以是目标函数的系数，例如分配问题中的成本参数，也可以是约束不等式的系数。调度中的逆问题往往属于后一类，其中可调参数要么是处理时间，要么是到期日期或发布时间。在传统的调度问题中，所有的参数都是已知的，而在逆调度问题中，这些参数被假定为未知的，为了使给定的调度达到最优，这些参数必须被确定。未知参数值的确定通常限定在一定的区间内。例如，单台机器上的调度，目的是最小化作业的最大延迟。作业 j 的延迟是相对于它的交付日期完成它所需要的额外时间。给定一个交货日期 d_j 和调度 π，延迟表述为：$L_j(\pi, d)=C_j(\pi)-d_j$。C_j 是在调度 π 下完成作业 j 所需的时间，而向量 d 是交货日期前的所有工作。得到最大延迟为：

$$L_{\max}(\pi, d)=\max_{j\in N}\{L_j(\pi, d)\}$$

经典调度问题就是要找到 π^* 使得 $L_{\max}(\pi, d)$ 最小，即对于任意的 π 满足：

$$L_{\max}(\pi^*, d)\leqslant L_{\max}(\pi, d)$$

逆调度设置中，处理时间为 P_j，即上例中我们在一台机器上不需要额外的作业 j 和交货日期 d_j 约束下的调度 π。更准确地说，假设在我们的单机示例中，只有交付日期可以调整，比如对于每个作业 j，交付日期是一个区间，$d_j\in[\underline{d}_j, \overline{d}_j]$。因此，调整交货日期 $\hat{d}_j$ 对于每一个作业 j 必须满足 $\hat{d}_j\in[\underline{d}_j, \overline{d}_j]$，其中向量 $\hat{d}$ 可以表示为 $\hat{d}=(\hat{d}_1, \hat{d}_2, \cdots, \hat{d}_n)$。欧式距离 $\|\hat{d}-d\|$ 表示原有的 d 已经最小，并且 π 为最优调度。因此，逆调度问题的二次规划可以表示为：

$$\min\|\hat{d}-d\|$$

$$\text{s.t. } L_{\max}(\pi, \hat{d})\leqslant L_{\max}(\sigma, \hat{d})$$

对所有的调度 σ 来说，$\underline{d}_j\leqslant\hat{d}_j\leqslant\overline{d}_j$，$j\in N$。

4.1.2 智能调度系统

考虑到大多数调度问题的组合性质和复杂性，通常需要决策支持系统来支持决策过程。这些系统是由制造调度系统和商业信息的海量存储系统所组成的，即信息系统支持的业务功能，如西门子提供的PREACTOR 业务单元、SAP 的综合管理系统。制造调度系统的一般架构图如 4-1 所示。该系统由制造企业数据库管理模块、调度计划自动产生模块、计划编辑器和性能评估器组成。最后两个组件都有与用户的可视化接口。制造企业数据库管理模块管理开发生产计划所需的信息，这些信息是根据生产订单和主生产程序以及车间数据生成的，这些数据允许监视生产系统物理方面的状态，包括从数据库管理模块的输出输入到调度计划自动产生模块。图 4-1 中的制造调度系统旨在作为调度程序或最终用户的决策辅助。目标是产生一个工作时间表，并解决动态生产过程中出现的事件。系统用户面临的主要任务是将作业分配给资源（通常是机器），处理影响日程安排的问题，如资源、日期、数量等的变化，并预测日程安排的未来问题。由 1.2.1.1 中的文献研究可知，调度器通常遵循一个“脚本”，独立于其操作的生产领域。它首先评估当前的情况，寻找关键问题或冲突的来源，例如一项工作需要的时间比计划的或错误使用资源的时间要长。一旦确定，调度器就必须确定是运行重新调度进程还是重新分配资源。一旦这样做了，它就会更新时间表上的信息，并再次运行，对可能的关键问题进行分析。

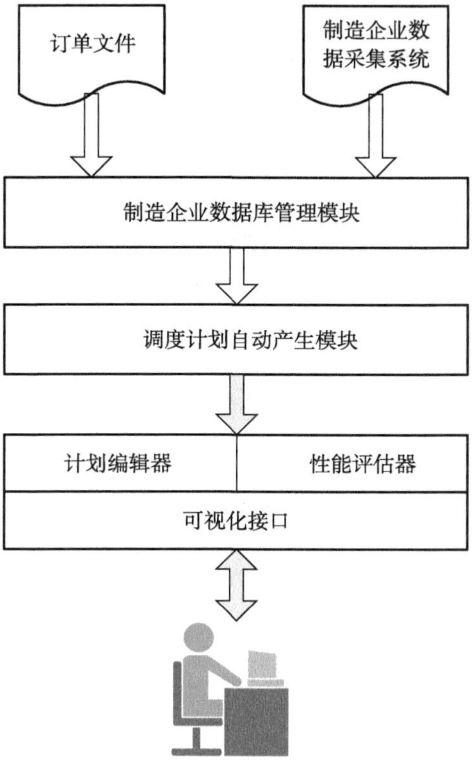

图 4-1 调度系统架构

4.1.3 “工业 4.0”时代的智能调度决策系统

由 1.1.1.4 中的综述可知，信息物理系统是“工业 4.0”系统的主要组成部分之一。信息物理系统促进了物理空间和虚拟空间的融合，将计算和通信过程与物理过程相结合，为物理系统添加了新的功能。与传统的独立个体的嵌入式系统不同，信息物理系统具有交互式 I/O 物理元素网络，类似于传感器网络。近年来，这一领域的研究与应用取得了巨大的进步。新型智能信息物理系统将促进不同行业，如航空、汽车、化工、能源、基础设施、交通等的创新和竞争。信息物理系统的相关实例由智能制造线构成，其中一台机器可以与其他部件进行多种程序的通信。在制造领域，信息物理系统已经引发了信息物理制造系统的兴起。信息物理制造系统由自治与协作的元素和子系统组成，这些元素和子系统相互连接，根据环境的不同，覆盖从车间到物流网络的生产过程的所有阶段。这些系统带来的主要挑战之一是需要开发鲁棒的调度方法，以便充分面对分布式生产过程中不同的、不可预见的压力。

为了分析决策过程如何在"工业 4.0"环境中分布，应用之前讨论的技术，本书使用 ANSI/ISA 95 标准作为参考。这个标准提供了一个被广泛接受的公司架构及其不同决策级别的表示，是一个为生产设备和控制系统之间的自动化接口提供框架的标准。它可以为生产过程中所有参与者的交流提供一个通用接口，并给出了信息如何建模、使用和表示，并将不同层次的决策按等级组织起来。它基于"普渡大学企业参考体系结构"，共分为五个层次，如图 4-2 所示。第 0 级与制造物理过程相关。第 1 级包括测量和操作物理过程的智能设备。该级别的典型仪器有传感器、分析器、效应器和相关仪器。第 2 级为对底层活动的控制、监督和数据采集。作用于 ANSI/ISA 95 第 2 级的系统有监控和数据采集（SCADA）、可编程逻辑控制器（PLC）、分布式控制系统（DCS）和成批自动化系统。第 3 级涉及制造执行和生产优化，以生产所需的产品。这个级别的系统是批处理管理系统，包括：制造执行（Manufacturing Execution System，MES）/运营管理系统（Operations Management System，OMS），实验室、维护和工厂绩效管理系统，数据历史专家和相关中间件。这一层对我们的工作具有特殊的重要性，因为它是调度过程发生的地方。第 4 级与整个公司的业务活动相关联。此体系结构以一种综合的方式表示生产系统的不同活动和功能。此外，它建立了不同层次的沟通方式，特别是在传统的制造环境中，每个关卡只与相邻的关卡进行交互。

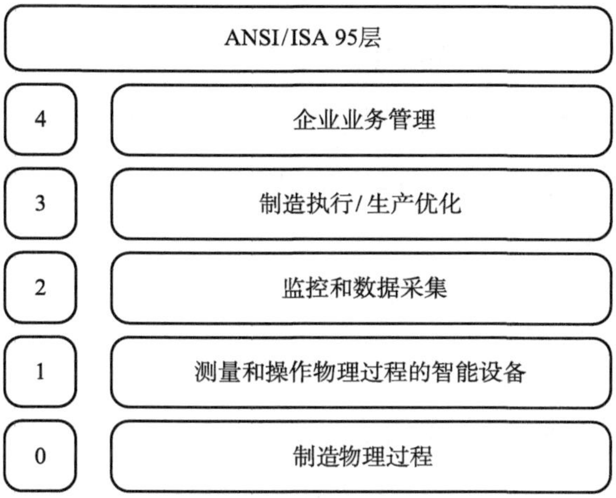

图 4-2 ANSI/ISA 95 控制框架

物理信息制造系统将对工业规划和控制领域的决策活动产生影响。这是基于信息物理系统的能力进行的广泛扩展，包括生产（第 0 级）的物理操作规划、评估和管理整个生产过程。图 4-3 展示了这种方法，其中突出显示了应该合并到信息物理系统中的 ANSI/ISA 95 级别。

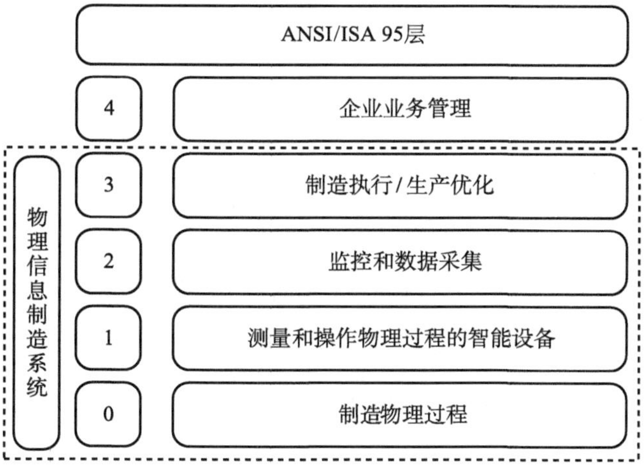

图 4-3 ANSI/ISA 95 级物理信息制造系统整合框架

这种功能集成的直接好处是，增加了响应意外事件的灵活性，或者能在整个系统中更快地传输信息。之所以有这些优点是由于物理信息制造系统将在第 1 级获得的数据转换为在第 3 级使用的高阶语言，从而避开“普渡大学企业参考体系结构”中固有的邻接限制，更快地生成未预见事件的答案。

4.1.4 智能调度

本节研究智能调度相关问题。首先，介绍了智能调度的一种机制，以解决由系统组件的实时自主行为引起的问题，这能够使智能调度的方案趋于完整。决策过程与车间之间的直接联系使得重新调度过程属于事件驱动型。这意味着重新调度是由修改初始调度设置的事件触发的。由于需要识别标准的事件，使得重新调度必须事先定义，这个过程才能自动化。因此，必须在任务执行中或者在制造资源中找到这些任务最显著的特征。一旦确定事件能够被认为是触发重新调度的类别，重新调度将会被触发并形成调度方案，但也可能由于事件不够重要，不值得启动重新调度过程。这成了不稳定的另一个来源，使生产过程面临许多不确定的影响因素。智能调度应该做到当有事件扰乱车间计划和影响系统效率时能做出快速反应。本小节的目的是解决一个新的调度问题，在这个问题中，解决方案对一系列本身被认为是重新调度的触发器事件具有容错率。这个容错调度问题从一个初始解（最优或接近最优）开始，其目标是对模型的参数生成一个公差范围。我们允许在实际执行的计划中存在一定程度的缺陷，因此产品的公差在适当的范围内是被允许的。考虑实际处理时间与用于解决原始调度问题的规范不同，这一事件会对生产过程的绩效产生影响，因此需要重新安排生产计划。在这里要指出的是，这样做的收益是否超过了重新安排时间的成本是判定是否需要重新调度的重要标准。

下面介绍基于智能制造和“工业 4.0”工具来进行生产计划调度的智能调度研究框架。智能调度的目标是在物理信息制造系统的集成框架内实现调度问题的自动解决。首先分析制造调度系统本身，然后是调度程序，最后是它们的组合。制造调度系统提供的功能很容易集成到物理信息制造系统中，因为它们可以连接到不同的业务功能。物理信息制造系统通过设计计算机和物理系统，以支持所有这些功能。这意味着物理信息制造系统可以取代甚至改进制造调度系统，能够进行运行质量分析或故障诊断，从而提高系统的整体效率。智能调度不同于计划程序的技巧问题，计划程序的技巧不容易集成到物理信息制造系统的基本设计中。为了扩展物理信息制造系统在这方面的功能，本小节引入了智能调度框架，从根本上解决了容错调度问题。建议提供可靠的基于优化的工具，以评估事件的性质和规模的临界性。物理信息制造系统具有这种能力，只有当计划的目标受到较大影响时，才会触发重新调度，从而提高系统的弹性，降低系统对环境噪声的敏感性。智能调度遵循动态调度的逻辑，如图 4-4 所示。在第一阶段，无论是在标准还是在随机的版本，问题得到解决，产生一个初始的时间表。接下来，设定公差用于解决公差调度问题。在第二阶段中，按照原始计划启动生产流程，直到检测到破坏性事件。对事件进行分析，以确定是否需要触发重新调度过程。如果没有则继续生产。但是，如果事件本质上属于那些可能触发重新调度的类型，就会调用放宽调度过程。如果当前进度在公差范围内，生产过程将继续进行。否则，将生成一个新的调度来处理事件造成的中断。一旦应用动态调度策略获得调度，就会设置新的公差，以便将来最终解决公差调度问题。

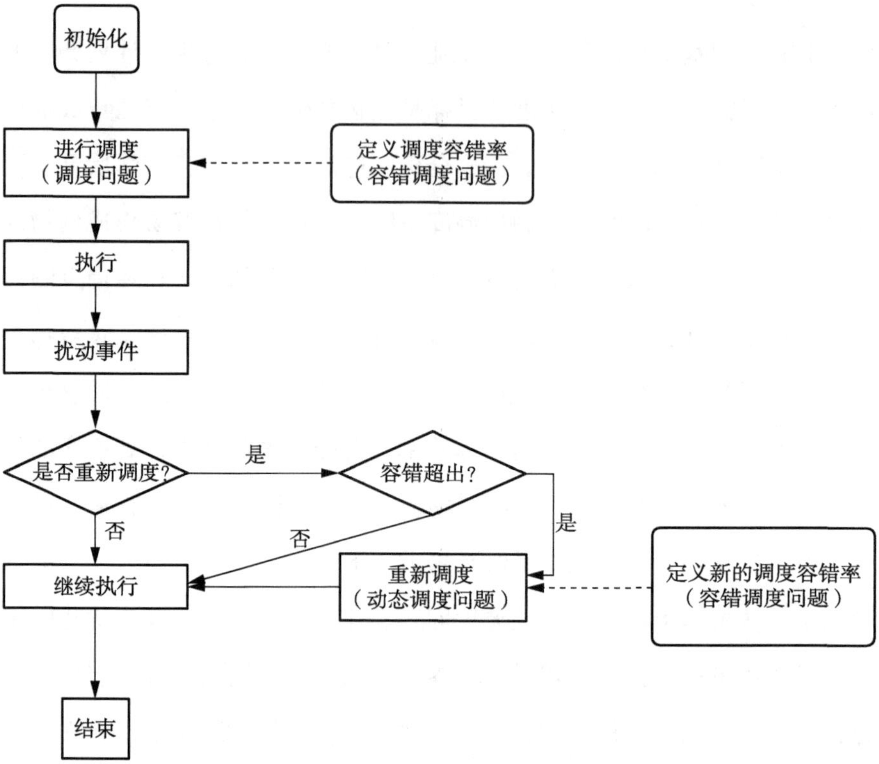

图 4-4　智能调度框架

4.2　闭环制造过程管理与控制方法

在制造过程中，通过各种传感器采集了大量的实时制造数据。然而，大多数过程数据是高维的、非线性的、高度相关的，因此很难对其进行制造过程建模，这限制了传统统计过程控制技术的应用。生产现场管理与控制是否有效直接影响产品生产过程是否低耗、敏捷、顺畅。通过实时采集现场生产工况，为生产管理提供第一手资料。本节研究制造系统在动态、实时变化的环境中的生产过程的进度、状态、质量等控制管理技术，辅助生产过程的决策支持，实现生产过程自动化及闭环生产管理。现代先进制造系统正朝着在生产环境中增加信息和通信技术集成的方向发展，以实现智能工厂的要求，其中物理对象被无缝地集成到信息网络中。信息和通信技术的最新发展的相结合产生新的制造模式，被认为是第四次工业革命或被称为“工业4.0”的驱动力，如在信息物理系统的基础上，利用传感器、处理器和通信技术与制造科学和技术的最新发展。

云计算在实现这些新的制造模式方面发挥了关键作用。云计算范式在制造业的扩展中产生了云制造的概念，被认为是现代制造业最创新的关键技术之一，并在制造业研究中获得越来越多的关注。云技术提供一个环境来连接和共享分布式制造资源，包括知识、计算和软件工具，以及物理资源。通过互联网网络基础设施，云技术可以用于广泛的生产应用，如工艺设计、机床监控、过程监控。

4.2.1 基于云制造的制造系统生产过程管理方法

在制造业中开发智能监控程序可以显著提高生产率和降低生产成本，从零缺陷制造的角度提高制造系统的性能，并通过智能系统适配支持制造系统的可靠自动化。云制造可以被定义为“一个集成的信息物理系统”，可以在最佳利用制造资源的情况下，提供按需制造服务，包括数字化的和物理上的。与云计算相比，被管理的服务不仅包括计算和软件资源，还包括各种数字和物理制造资源，包括制造软件、制造设施和制造能力。这种制造模式可能会显著改变提供和访问制造服务的方式，让用户无处不在地通过制造云访问物理信息制造系统，包括智能机器、通过传感器系统和智能计算生成的大量数据。目前，云制造范式的主要研究空白可以概括为以下几个方面：基于云的控制平台、生产云平台的实时能力、云与生产系统的接口以及基于服务的自动化功能的提供。除了对上述几方面的监控，更广泛的制造过程监控领域可以受益于云制造的实施，包括工具状态、芯片形状、工艺参数、表面完整性、颤振检测等方面的监控。数据是通过传感器和数据采集系统在车间远程动态收集的，而数据分析可以在远程进行，专家知识可以在云中提供和共享，实现用户通过互联网按需引用的知识库。改进的可访问性和鲁棒性是通过提供模块化和可配置的诊断服务实现的，这些诊断服务可以在必要时以即付即用的形式从云中选择。通过并行计算提高云计算的速度，提高了计算效率和数据存储速度。当诊断作为远程服务而不是本地集中的功能提供时，协作和分发得到了增强。通过众包实现的信息共享和融合可以改善数据解释和鲁棒性。

为实现在线智能诊断而开发的基于云计算的制造过程监控框架，其架构如图 4-5 所示。云计算和服务资源连接到制造资源和传感系统以实现一个复杂的信息物理系统，可以被定义为一个“物理和工程监控系统的操作、协调、控制和集成的计算和通信核心”。基于云制造的生产过程管理架构分为三层，分别对应制造资源、本地服务、云服务。这种结构允许在不同资源之间共享计算工作，这些资源可以在地理上分布，并由具有不同能力和在不同级别上活动的不同参与者管理。这样，在利用每个参与者的不同技能的同时，网络通信允许克服办公室和车间之间的传统距离，并共享它们的结果和信息。

物理资源和本地服务器都包含在工厂网络中，表示生产系统中可用的硬件和软件资源。另外，云服务是基于互联网的，可以在制造企业的内部（私有云）或外部（公共云，需要更高的数据保护）进行连接。连接机器、本地服务器和供应商云可以采用不同的方法，必须根据稳定性、速度、距离覆盖和安全性来选择。超出制造公司边界的通信通常意

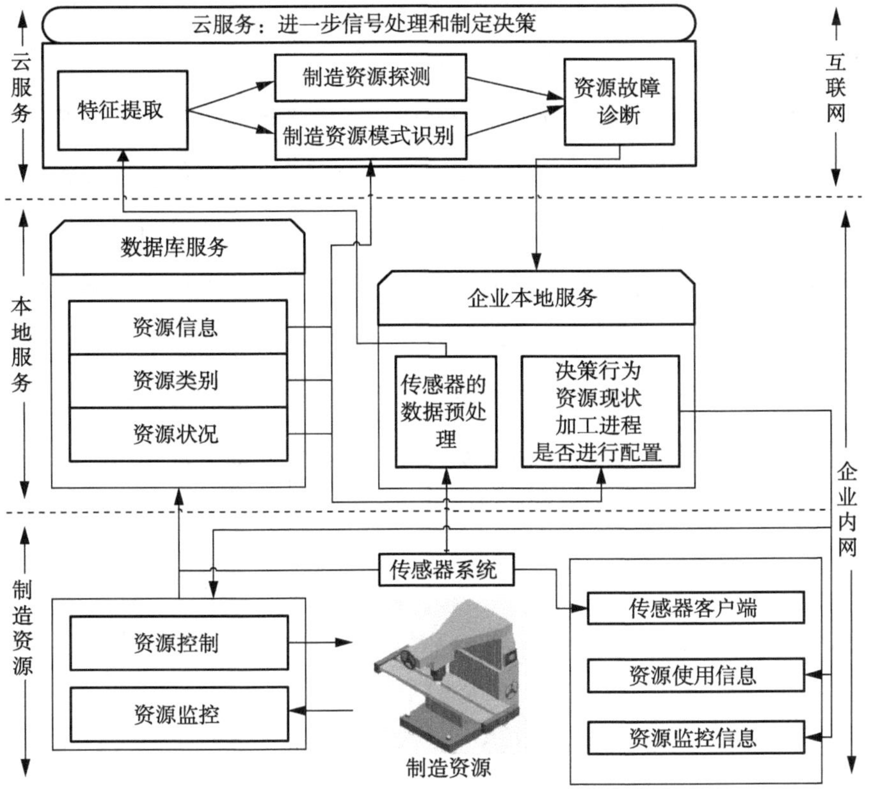

图 4-5　基于云计算的制造系统过程管理框架

味着需要覆盖很远的距离，并且需要具有高安全性和时间性能的可用局域网连接。

研究提出的云制造体系结构的三层结构在物理层，用于执行加工过程的数控机床必须配备一个多传感器系统，以实时收集包含有价值的加工条件信息的各种传感器信号。可靠的传感器监控加工过程需要安装多传感器系统来克服单一传感器的局限性，实现集成来自多个不同性质的信息融合技术的传感器，以提高生产质量和系统鲁棒性的过程描述。该系统在加工过程中实时采集多个传感器信号，其中包含相关信息，作为制造资源状态诊断的输入。将与传感器信号预处理相关的计算任务分配给本地服务器。为了支持高计算能力，可以以本地机器充当数据缓冲区，并将数据预处理做成独立的数据包，通过网络发送到云。云计算能力用于快速执行在线诊断任务，潜在的巨大云数据库用于维护和共享相关信息和知识，以支持进一步的云服务。云服务器接收预处理后的传感器信号段，提取相关信号特征，对生产状态进行必要的诊断，通过基于知识的方法检测终端故障，进而使用认知模式识别范式估计资源使用寿命。计算任务完成后，云将诊断输出发送回本地服务器，本地服务器将诊断结果作为输入和参考，用于决策纠正操作。本地服务器根据对生产状态的云诊断，可以选择更换资源、停止加工或改变参数等，并将必要的命令直接发送到数控机床进行控制。操作人员将在本地终端上进行纠正操作，并在需要人工干预的情况下进行适当的警告。

4.2.2 制造系统质量监控方法

制造企业在快速变化的环境中运作，对制造系统产生最大影响的市场每天都变得更加饱和并具有破坏性。因此，需要制造企业在更短的时间内以更低的价格生产出越来越复杂和高质量的定制产品。产品的复杂性决定了制造商的高度专业化，这一过程通常无法在一个地方完成，因此分布式制造系统正在形成。制造系统必须是敏捷的，以便快速响应市场需求。响应性是生产工程中的一种通用需求，它是对在现实和不断变化的条件下运行的解决方案的持续探索。为了实现响应性，制造系统不应该承载制造场景中可能需要的所有功能。相反，它们应该只拥有在功能范围内制造操作所需的核心功能。除了核心功能外，传统的制造企业通常还具有其他功能，这些功能是更好完成制造操作所必需的，例如物流、仓储、调度优化、加工参数说明、质量监控、性能测量等。这些功能应该通过外部流程实现，由适当的服务提供商根据需要提供，并无缝地集成到制造操作中。支持制造业务的服务被称为面向制造的服务。因为有些服务是基于信息的，所以可以通过电子方式请求它们，例如货物装运请求。其目标是基于信息的功能为目前未得到适当管理的制造企业提供最高水平的专门知识。

制造过程很容易发生变化，因此没有任何两个产品单元是相同的。一些过程的变化是不可避免的，就其振幅而言，这种变化很小，并且源于共同的过程原因。除了这些原因之外，还有一些影响过程可变性的特殊原因，它们引起较大的工艺变化，导致产品质量无法被接受。质量控制在防止不合格产品的生产中起着重要的作用。在现代制造系统中，100%地检验工件会太贵，质量控制方法通常是使用统计过程质量控制（Statistical Process Control，SPC），因此质量控制就是通过控制制造过程来实现的。当只有共同的原因存在时，这样的过程被称为受控过程。当出现特殊原因时，这一过程被认为是失控的，即在失控过程中生产的产品质量不合格。

一个强大的统计过程控制技术是控制图技术。控制图使过程变化的监视和过程变化的发现能够区分特殊的和常见的变化原因。控制图技术的实施产生了控制图绘图，它向过程操作员和质量审核员提供有关过程状态的信息。通常情况下，在纸上绘制的控制图会和一批产品一起发送给客户，以展示产品的质量。控制图绘图可通过 Internet 应用程序提供给客户。然而，特定技术的自动化并不等同于相应功能的外包。在中小型企业中，统计专业知识的缺乏是很明显的，这导致了控制图的简化和不规则使用，使得过程质量控制无效和产品质量差。当流程实际发生更改时，通常不会同时检测到失控信号。对于每个失控的信号，必须对可指定的原因进行调查，以确保控制过程处于受控状态。控制图应该可以在制造系统的不同级别进行访问，因此理论上其可以支持生产车间的决策，并且与质量部门、生产系统管理部门、客户等保持联系。企业应用的现实却是控制图通常不会实时分发到适当的位置，以支持不同制造级别的决策。

车间的制造过程需要得到监视、管理和控制。数据可以从本地关系数据库提取或存储到本地关系数据库。制造数据必须存放于制造系统中，并重新进行集成、描述和表示才行，形成对制造系统有益的服务。对于数据的集成，可以使用数据仓库技术。数据仓库技术包含以下任务过程：

（1）从源操作系统或存档系统中提取数据，这些系统数据主要源自数据仓库，这个过程被称为提取（Extract，E）。

（2）转换数据，可能涉及清理、过滤、格式化、验证和应用业务规则，这个过程被称为转换（Transform，T）。

（3）将数据加载到数据仓库或任何其他存储数据的数据库或应用程序中，这个过程被称为加载（Load，L）。

上述三个步骤被称为 ETL 过程。ETL 过程对于将生产和知识数据转换为质量监控数据（或支持制造操作的服务所使用的任何其他数据格式）至关重要。本小节主要研究了利用控制图技术进行质量监控，以支持制造过程控制。质量监控是通过质量监控服务（Quality Monitoring Service，QMS）应用程序提供的 QMS 来实现的。它被称为“Application”，以区别于简单的无状态服务，“Application”接收一些输入数据并返回输出数据。除了使用控制图技术作为监视工具之外，该应用程序还提供了用于评估制造过程参数的统计专业知识。控制图技术并不是一种新的技术，本节提出了一种使用当代的信息通信技术的服务方法来使用它。该解决方案保留了服务受益人与数据相关的自主权，使服务受益人能够独立于特定的服务提供者。它可以为多个分布式制造系统提供服务，并且可以通过其他服务进行分布和扩展。通过定义良好的用户和数据接口，可以将质量监控功能集成到制造系统中。本小节研究的基于服务的质量监控系统旨在支持自动工作，自动工作模型更加适合于智能工程制造系统。自动工作模型的结构如图4-6所示。自动工作系统分为管理和控制实体、基础技术实体，即基本工作系统和监控实体。在基本工作系统中，进行着新的价值创造过程。基本工作系统代表了由流程、流程实现设备和人类主体组成的技术功能。

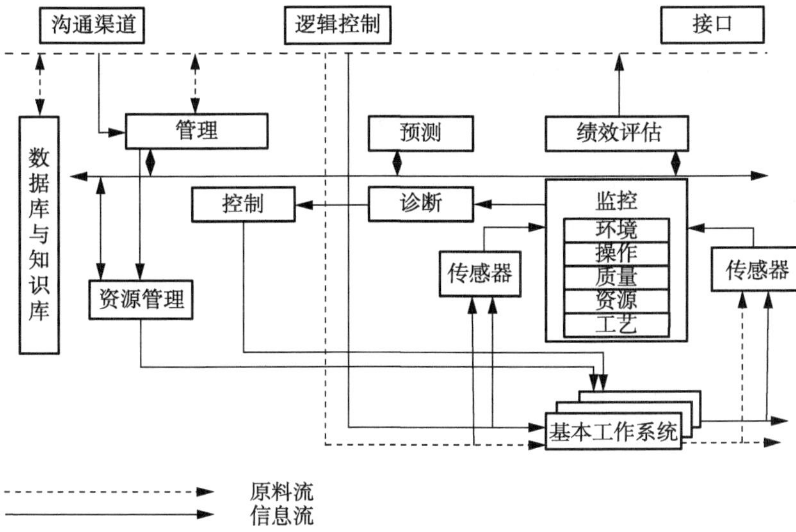

图4-6 自动工作框架

为了管理和控制自动工作的操作，实体被构造成两个控制循环，即内部控制回路和实时运行回路，其反馈由监视和诊断组成。新的价值创造由过程、资源、质量、操作和环境监控进行监督。在出现偏差的情况下，对观测到的状态进行实时诊断，找出根本原因并加以纠正。偏差行为通过控制机制得到纠正，因此基本工作系统保证了足够的过程性能。外部控制循环是基于性能的控制，而不是实时执行。它是通过资源管理、绩效评估和预测作为反馈来执行的。图4-6中的结构揭示了制造功能之间的关系，尽管这些功能可以通过不同的方式实现。本地数据库保证了自动工作系统的自主性，同时使自动工作系统能够独立于特定的外包功能，这可以通过内部流程或外部服务实现。在这项工作中，建议通过外部服务来实现质量控制与管理功能。质量监督和控制通过以下几个阶段进行：①收集产品特性或制造工艺参数的测量值；②对抽样测量（或单个测量）进行统计分析；③确定当前进程是在控制中还是已失控；④给当前的示例一个“受控”或“失控”标签；⑤如果检测到“失控”标签的进程，可能会触发报警；⑥确定失控状态的可分配原因；⑦调整生产工艺，使其处于受控状态。传统上，上述过程是在每台机器上单独执行的，这样会导致信息孤岛，没有完整的产品质量总体视图，并且有很大的信息处理开销。现在可以通过分布式的自动工作系统进行管理。分布式自动工作系统由许多自动工作系统组成，如果每个自动工作系统采用一个本地的质量监控系统，就会违背精益生产的原则，所以需要从自动工作系统中提取质量监控应用程序。因此，分布式自动工作系统结构是动态的，质量监控功能必须在每个自动工作系统上可用。而该功能又在服务网络中可用，则自动工作系统可以轻松地集成它并同时处理多个自动工作系统的服务请求。

使用质量监控的服务方法，上面的任务①~⑦可以分布在不同的实体中，由自动工作系统执行任务编号。任务②~⑤可以通过外包服务来执行，任务⑥和任务⑦通常由属于特定自动工作系统的人员或特定机床操作员来执行。任务②~④可以由网络服务技术实现，该技术接收测量样本并返回统计质量参数和控制内或控制外指示。通常质量监控和跟踪还需要显示控制图，例如：在产品有缺陷的情况下，需要检查特定的产品或工作订单，以确定其生产过程的失控状态。后者需要访问产品的质量监控历史记录，并且不能通过简单的（无状态的）网络服务来实现，因此需要更复杂的解决方案。质量监控历史可以保存在自动工作系统内部或自动工作系统外部的“外包”服务器上。后一种解决方案是不可接受的，因为在服务提供者停止提供服务的情况下，自动工作系统的所有质量监控数据都将丢失。因此，需要在自动工作系统中存储质量监控数据和支持产品质量跟踪（Quality Track，QT）的数据。这些数据存储在自动工作系统的生产和知识数据库中；出于安全原因，外部服务（应用程序）无法访问此数据库。本书还提出了另一种解决方案：使用一个单独的数据库来存储质量监控和追踪数据，可以允许从质量监控系统应用程序读取该数据库。此数据库充当自动工作系统和质量监控系统应用程序之间的接口，它的结构基于质量监控系统本体。唯一的集成工作是在每个自动工作系统上完成的：每个自动工作系统都必须实时地向质量监控系统数据库填充来自其生产和知识数据库的数据。多个自动工作系统的结构如图 4-7 所示。

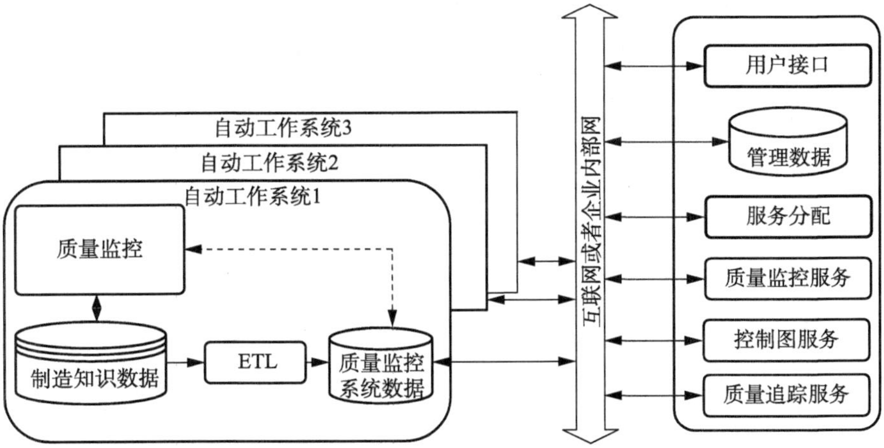

图 4-7　多系统质量监控架构

每个质量监控系统应用程序服务于一组自动工作系统——单个分布式制造系统或多个分布式制造系统。每个自动工作系统都有一个质量监控工具，用于从制造过程中收集产品数据和度量（手动输入或自动收集）。这些测量值存储在生产和知识数据库中。质量监控系统数据从生产和知识数据库中实时提取，并通过 ETL 过程存储在质量监控系统数据库中，该过程类似于用不同的公司事务数据库填充公司数据仓库的过程。质量监控系统数据库是根据质量监控系统本体组织的。如果质量监控对于自动工作系统来说是新的，那么自动工作系统可以绕过生产和知识数据库，直接将质量监控数据写入质量监控系统数据库（见图 4-7 中的虚线）。自动工作系统还可以从质量监控系统数据库读取数据，例如用于生成警报时。手动测量和其他制造参数也可以通过网络用户界面采用质量监控系统应用程序写入质量监控系统数据库。如果一家公司的互联网连接能力较差或存在特殊的安全限制，自动工作系统与质量监控系统应用程序的服务之间的通信将通过 Internet 或公司内部网进行。质量监控系统应用程序由几个模块/服务组成，这些模块/服务可以通过 Internet 分发，也可以位于同一台服务器上。用户界面允许用户身份验证、通过控制图选择要监视的特定制造过程、在线控制图表示以及产品质量追踪（报告）。管理数据库存储监控系统元数据（用户数据、质量监控系统数据库连接字符串、公司数据、用户界面标签等）。服务调度器在循环的基础上将质量监控服务分派给不同的多个自动工作系统。质量监控服务计算统计参数，并确定失控流程状态的控制图。控制图服务使用质量监控服务的结果和实际测量值来绘制所选择的控制图。通过用户界面调用质量追踪（报告）服务来显示历史数据，即在特定的时间范围内或产品制造过程的生命周期内生成选定产品或工作订单的质量报告。

第 5 章

协同制造知识发现方法研究

在前4章中，本书从任务（Order）、过程（Process）和资源（Resource）三条经线分析了先进制造业中需要进行管理协调的对象。在分析过程中又从规划层、运作层和执行层三个纬度进行制造流程梳理。在研究过程中对经纬交叉点的任务进行流程梳理与框架搭建。通过对任务（Order）的分析可知，在大数据环境下，协同制造的研究任务主要有三个：主动制造、预测制造和制造管理。同理，过程（Process）要素不同层次的任务分为网络生产计划、多目标协同任务优化和动态规划；资源（Resource）要素的主要任务则包含资源优化配置、资源快速准备和质量监控。在本章的分析中，将沿着实体制造往制造业的底层继续分析，重点分析数据层（Data）的原理，在数据层实现对以上9个任务的支撑，也是对制造业实体制造要素OPR的支撑。有了数据层的支撑才能实现本书所提出的DOPR协同。因此，本章的分析对于整个研究来说至关重要，是从实体制造向技术支撑的分析与研究。本章将进行研究对象的转换，对制造任务或制造职能的核心问题进行提取，变为大数据研究领域的问题，进而在数据层进行建模、分析与设计，实现本书所提出的在大数据环境下的DOPR协同制造研究。在本章的研究中会首先对OPR分别进行独立研究，将OPR所涉及的制造任务的流程整理为若干问题，对这些问题通过大数据支撑层的建模进行求解。最后，再对这些方法所面临的问题进行分析，萃取为若干模块，分别对这些模块进行建模研究，完成大数据支撑层的研究。

5.1 OPR 协同中的智能支撑方法分析

本节分别研究 OPR 三要素的核心任务，对这些任务框架中的研究内容进行抽象提取，将第 2 章、第 3 章、第 4 章的内容演变为问题导向的模块，而后再用机器学习和数据挖掘的方法分别求解。

5.1.1 任务（Order）研究问题支撑技术分析

通过对任务（Order）的分析可知，在大数据环境下，协同制造的任务研究主要有三方面：主动制造、预测制造和制造管理。

在主动制造方面，本书主要研究了主动制造的个性化生产和主动订单获取问题。在主动制造的个性化生产问题中，需要收集大量的数据，包括从传感器、社交媒体、移动设备、公共网络、销售点所收集到的。在主动制造的概念中，要求制造企业主动获取企业外部相关数据，然后进行数据分析，从数据中获取与企业制造计划与制造需求相关的知识，用以指导企业的生产计划。在主动制造中企业面临的问题有：用户信息及订单信息获取与分析，甚至客户需求预测。在订单信息获取与分析中，制造企业需要借助语义分析和网络技术对客户在社交网络或企业网站上所描述的需求、订单及交付信息进行分析。通过图形化与模块化的智能接口使客户能够更准确地将自己的真实需求提供给制造企业，制造企业通过快速建模与客户进行交流从而更好地提高用户满意度。通过工业互联网与移动互联网获取客户的更多信息，如客户的习惯、偏好和健康等，甚至可以预测客户需求，提供客户无法拒绝的产品。

在预测制造方面，预测制造与主动制造在数据挖掘的机理上没有本质性区别，其主要任务是预测制造的订单信息，在订单任务明确后预测制造可以将订单信息进行分解，预测更准确的制造计划，制定制造需求及制造计划。预测制造能够进行数据分析与预测，挖掘制造知识及相关模式。在主动制造中主要获取客户信息，而在预测制造中主要获取企业内部信息，包括设备、工装、人员、工业等制造信息，并对其进行有效的制造安排。结合企业历史数据与实时数据可以对企业制造知识和制造模式进行发现与学习，最终达到提高企业内部协同效率、降低废品率、提高生产效率的目的。

在制造管理方面，任务（Order）管理在制造管理中的核心问题是对制造资源的合理利用。因而需要制造企业有良好的制造资源监控设备与信息采集设备，对企业内部资源的状态的实时信息有着强大的掌握能力。这样能在制造管理中对资源进行更好的优化配置。这就需要企业能够对数据进行获取并有实时反馈的机制，要求制造系统能够自主进行预测和配置，对企业智能的制造管理系统提出了更高的要求。

在本书的第 2 章、第 3 章、第 4 章中对于主动制造、预测制造和制造管理的问题描述得已经非常清晰，可以通过图 5-1 进行总结。其中语义分析由语义预测算法完成，资源配置由 5. 1. 3 中介绍的算法完成。通过对主动制造、预测制造和制造管理三个模块进行分析，最终需要的大数据支撑技术包括两类：数据处理技术和预测技术。数据处理技术包括特征选择、数据预处理、数据压缩；预测技术包括预测算法、模式识别算法和调度算法。由于调度算法属于经典的规划问题，这里不作为重点研究对象，只作为方法库的方法进行调用。

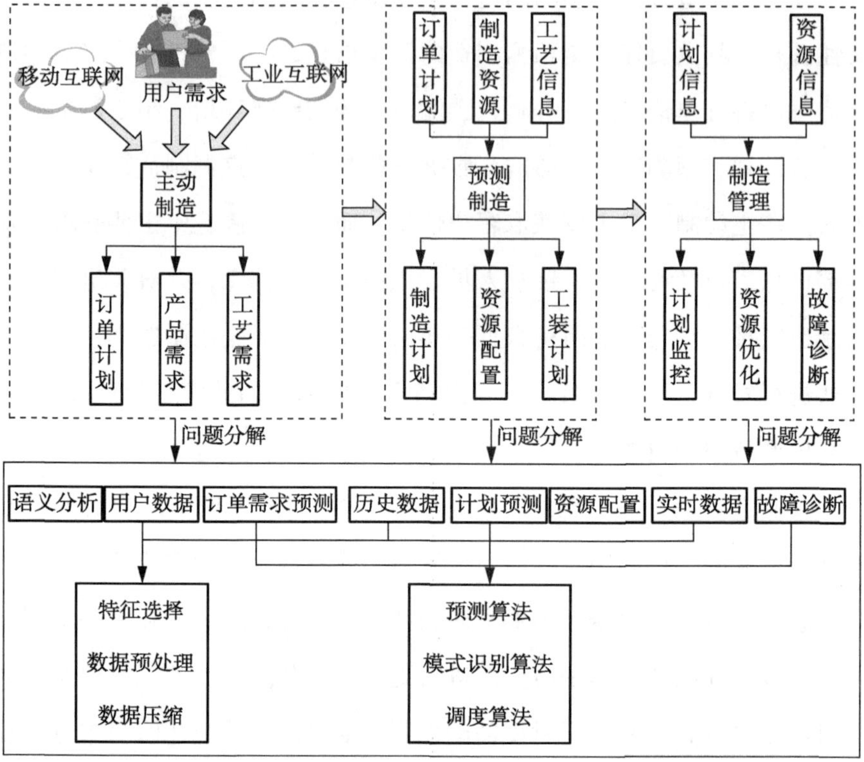

图 5-1 任务（Order）相关问题支撑技术分析

5.1.2 过程（Process）研究问题支撑技术分析

通过对过程（Process）的分析可知，在大数据环境下，协同制造的过程研究主要有三个任务：网络制造、多目标调度和动态调度研究。对其支撑技术的研究如图 5-2 所示。

在网络制造的研究中，传统的 JSP 问题主要是集中式或半集中式的制造系统。而在“工业 4.0”环境下，机器等大部分元素都是智能的。因此，整个制造系统将是智能或自主分散的柔性制造系统。JSP 调度问题将重点转向智能分布式调度建模和优化。集中式大系统问题的复杂性

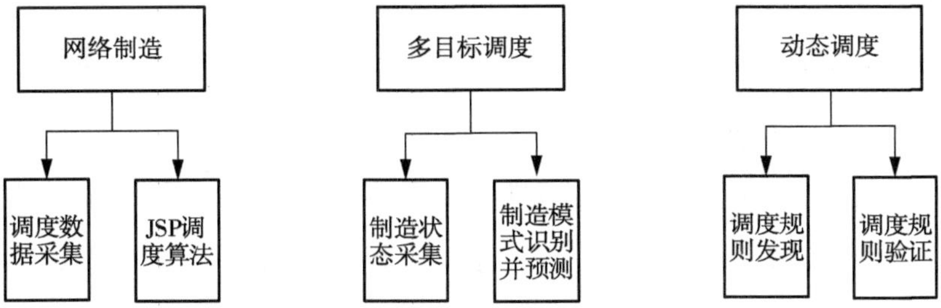

图5-2 过程（Process）相关问题支撑技术分析

可以分解，实现最大的灵活性。在该模型中，智能代理有自己的优化目标，可以分为工作目标、资源目标、工厂目标和系统目标。根据机器利用率和生产效率的系统目标，建立一系列规则。基于这些规则，智能代理通过分布式优化算法进行实时信息规划调度。与传统的集中调度技术相比，通过这种“工业4.0”的前沿技术，可以更容易、更快地获得对选定机器、资源和工厂的满意运行顺序。利用条码技术、射频识别技术、传感器技术等，实现了真实工厂与同步动态仿真之间的实时连接。通过实际作业车间报表与虚拟仿真技术的数字作业车间报表的比较，验证了规划调度决策的正确性和安全性。这一步是最容易实现的工作，但它做了必要的准备工作，构建了物联网和网关，是智能分布式调度平台的基础。在前期，所有的信息和数据仍然由系统平台收集和控制。所以在这一步还是只适合解决高度智能的集中作业车间调度问题，进而可以得到所需的所有信息智能工厂，然后研究如何将不同的信息传递给不同的代理，这样不同的智能代理可以根据这些信息完成它们的自我调度。

在多目标调度的研究中，现代制造业的特点是高质量和快速交付，目前的制造系统的目标是良好的性能、高稳定性和高重复性。可预测性是一项重要的功能，它为未来的制造业提供了巨大的潜力。①在车间调度决策之前，对潜在故障的有效预测可以避免任务延迟或其他不必要的损失；②加工过程中，实时监控信号的模式可能会指示出可能的故障，导致剩余任务的重新调度。因此，车间故障预测对于优化资源配置、降低制造成本、提高制造效率具有重要作用。目前，采用高度动态、集成化的调度方法，使得加工过程中出现故障时能够快速重新调度。然而，今天的调度系统缺乏对车间计划或正在进行的任务的错误或潜在故障的预测能力。如何预测潜在的故障，以及调度之前的错误模式，是一个很大的挑战。近年来，出现了大数据分析，为故障预测提供了巨大的潜力。

在动态调度的研究中，为解决这类调度问题，调度规则发挥了重要作用；事实上，它们的发展已经引起了研究者和实践者的极大关注。虽然其他解决方案方法（如数学模型和启发法）可能优于它们，但由于调度规则易于实现和计算时间少，在实践中经常使用。随着越来越高效的调度规则的进一步发展，有必要对可能影响性能的重要属性进行深入研究。然而，由于制造环境的复杂性不断增加，通常很难考虑车间的所有属性。此外，计划的大部分底层逻辑可能是隐式的，因此很难直观地获取。因此，通过考虑各种属性，进一步从以前的或良好的计划中学习有效的调度规则是增加现场应用的可能性和潜力的重要一步。

5.1.3 资源（Resource）研究问题支撑技术分析

通过对资源（Resource）的分析可知，在大数据环境下，协同制造的资源研究主要有三个任务：资源优化配置、资源快速准备和制造质量控制。对其支撑技术的研究如图 5-3 所示。

在资源优化配置的研究中，RFID、传感器等具有重大贡献。在车

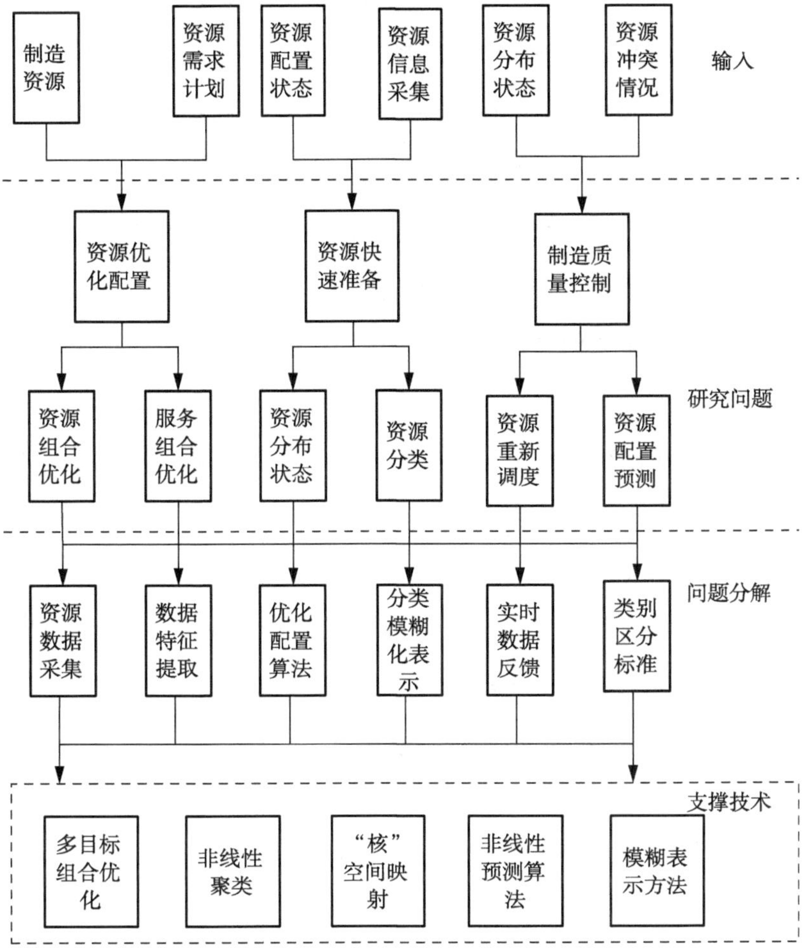

图 5-3 资源（Resource）相关问题支撑技术分析

间环境下，实体制造对象配备射频识别设备，实现“智能化”实时采集生产数据。这促进了车间规划、执行和控制的实时可追溯性、可见性和互操作性，增强了先进制造战略和技术的实施。智能集成 RFID 系统，提高了制造过程中的可追溯性和可视性。在云制造与网络制造环境中，如何从大量候选服务中优化选择服务及如何编排服务组合是两个关键问题。事实上，服务组合的选择要比单个服务的选择复杂得多。服务组合和最优选择是一个典型的多目标组合优化问题。资源优化配置问题也是多目标组合优化问题，需要使用多目标优化的算法来解决。

在资源快速准备的研究中，随着经济发展水平的提高，消费者关注的核心问题从最早的质量和价格到时间，再到环境和服务，促使制造业企业的业务重心从产品转向服务。这种科学技术的转移和发展也促进了传统的以生产为导向的制造模式向以服务为导向的制造模式转变。随后，一系列面向服务的制造模型相继出现，如制造网格、全球制造、虚拟制造、敏捷制造和云制造。多种制造模式的出现使得对制造资源的要求越来越高，制造模式的柔性化变革带来了制造资源的柔性化和模糊化表示。制造资源的加工能力正变得越来越复杂和模糊，例如：制造资源可以具有多种加工特征，而多种制造资源也可以具有相同的加工特征。因此传统的方法已经无法合理划分资源，云制造资源分类还存在很多问题。大多数研究人员基于各自的研究方向将制造资源分为不同类别，并没有统一的规则或标准来定义资源分类，从而导致资源分类结果不同，分类的现象并不是统一的云制造的底部。这将使后续的云制造资源研究变得棘手，因此实现制造业资源分类的统一和规范化、制定合理的分类标准就显得尤为重要。制造资源的模糊分类具有重要的意义，因为它可以在零件加工过程中减少制造资源的搜索范围和时间，降低计算的复杂度。需要对装备资源、物质资源、人力资源、软件资源和技术信息资源进行模糊化评价。

在制造质量控制的研究中，目前多采用控制图的实时质量控制方法。随着制造过程中数据采集技术的发展，同时监测两个或两个以上相关质量特征的多元统计过程控制（Multi-multiple Statistical Process Control，MSPC）受到了特别多的关注。大多数多变量控制图都是参数化的，并且通常采用已知的过程分布和参数。在这些假设下，人们在传统的统计过程控制图基础上开发了基于变量选择的多变量控制图，以提高过程监控和故障诊断的效率。在这些控制图的背后，通常需要正态性假设来确定控制限度。当正态假设偏离时，这些控制图可能无法按预期执行。在制造过程中，当工艺尺寸较大时，通常会出现非正态过程。为了解决这一问题，有人提出将机器学习算法与 MSPC 相结合来监控非正常数据。当人工对比数据不能完全表示出失控的情况时，分类器可能会有意想不到的失控状态识别率。但是，当过程不按假设模式移动时，训练好的分类器可能会失去检测灵敏度。另一种可能的方法是通过实时观察来估计过程条件，并使用最新的数据作为对比，一旦有了新的观察结果，就更新决策边界。这需要将观测数据映射到高维空间中，同时为了不带来高维空间中的计算法负担，需要将数据映射到“核空间”进行分类判定。基于“核”空间的分类与判别方法成为解决这一问题的关键所在。

5.1.4 OPR 支撑技术融合

在任务的支撑技术分析中最终要解决的技术问题为特征选择、数据预处理、数据压缩、预测算法、模式识别算法和调度算法。在过程的支撑技术分析中最终要解决的技术问题为数据采集、JSP 调度算法、状态采集、制造模式识别、制造模式预测、调度规则发现和调度规则验证。在资源的支撑技术分析中最终要解决的技术问题为多目标组合优化、非线性聚类、“核”空间映射、非线性预测和模糊表示。经过技术融合 OPR 三要素，最终需要的技术为数据采集与预处理、数据压缩与特征提取、模式识别（资源模式识别、任务模式识别）、模式预测（任务预测、资源预测）、模式决策（调度规则提取与验证）、非线性聚类与“核”方法研究和模糊表示。其中的 JSP 调度算法与组合优化算法可以直接使用经典的多目标优化算法，这不在本书研究范围内。技术融合如图 5-4 所示。

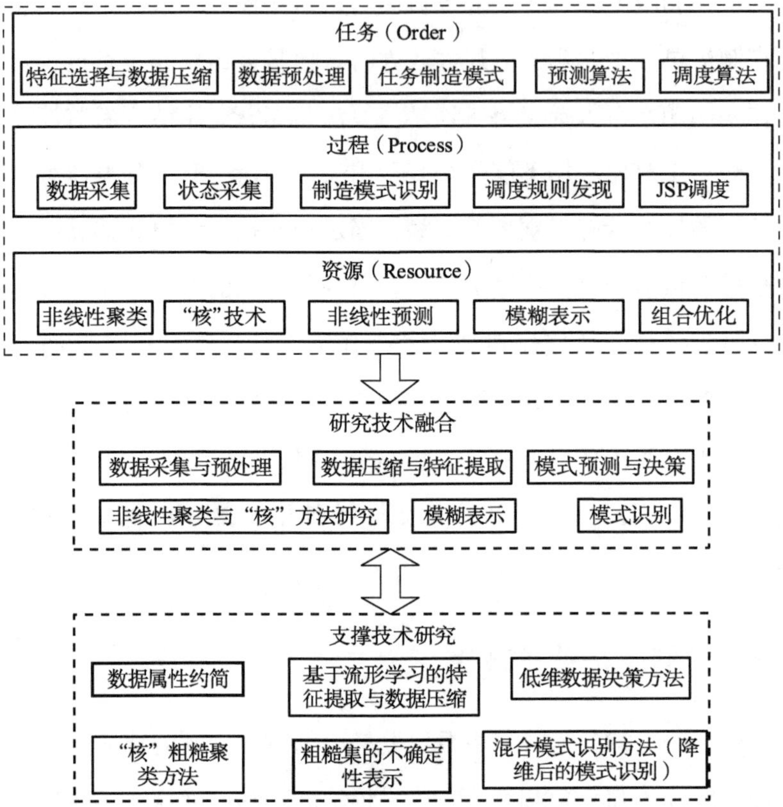

图 5-4　OPR 技术融合路线

数据采集与预处理：由于数据来源多样化，数据特点必然符合大数据的“3V”特征，要对数据进行一系列的预处理，包括数据属性的约简、数据归一化、数据量纲的统一等。具体的大数据预处理方法将在 5.2 中进行研究。

数据压缩与特征提取：数据属于非线性数据，结构复杂且耦合，需要使用非线性方法进行降维。传统的 PCA 方法、MDS 方法已经无法满足大数据的要求，因此选择流形学习的方法进行降维，流形学习对处理非线性数据有着特别的优势，是目前非线性降维的热点方法。该方法将在 5. 2 中进行研究。

模式识别：在处理大数据时比较考验算法的时间复杂度与计算量。在传统的模式识别的基础上需要对数据进行压缩。本书将选择流形学习的方法与支持向量机方法进行结合，改进为混合模式识别方法。这种方法选择了两种不同功能的算法进行结合，如果能够无缝结合的话，这种混合分类算法既能压缩数据，对数据进行降维，又能够保持支持向量机这种统计学习方法的模式识别优点。该方法将在 5. 4 中进行研究。

模式预测与决策：与模式识别所遇到的问题相同，需要在低维空间进行降维后的规则提取与发现，也需要建立低维决策分析算法，该算法将在 5. 5 中进行研究。

非线性聚类与“核”方法研究：由于聚类与分类问题所处理的数据非常复杂与非线性，这种数据属于线性不可分数据，需要将数据映射到高维空间中使其线性可分，使线性机器学习算法在处理非线性问题上依然能够发挥其优点。这就需要“核”方法的介入，支持向量机就是基于“核”的模式识别方法。在聚类问题中同样会遇到这种问题，这里在进行资源聚类时采用了“核”技巧进行非线性聚类分析，该方法将在 5. 5 中进行研究。

模糊表示：本章采用粗糙集的方法来描述这种不确定性，粗糙集相关知识将在 5. 3 中进行研究。

5.2 特征选择与数据预处理

5.2.1 流形学习降维方法

近十年来，为了从高维数据中提取有意义的低维表示，学者们提出了几种降维技术。在非线性方法中，流形学习的方法得到学者们的关注，尤其是流形学习的等距特征映射（ISOMAP）方法因其揭示复杂非线性模式的能力而受到广泛关注。当高维数据具有不同的维度和大量数据样本时，高维数据在计算上变得难以管理。在许多研究领域，学者们迫切需要一种大规模将高维数据表示为低维数据的方法，如机器学习、信息可视化、数据挖掘、计算机视觉等。

机器学习技术通过最小的信息损失来降低维度。降维的关键挑战是保护数据的结构，并以最小的数据损失执行转换。降维技术可以用线性（有监督的）和非线性（无监督的）映射方法来描述。线性（监督）映射方法有主成分分析（Principal Component Analysis，PCA）、多维坐标转换法（Multi-Dimensional Scaling，MDS）、独立成分分析（Independent Component Analysis，ICA）、奇异值分解（Singular Value Decomposition，SVD）、电流矩阵分解（CUR Matrix Decomposition）、紧矩阵分解（Compact Matrix Decomposition，CMD）和非负矩阵分解（Non-negative Matrix Factorization，NMF）。非线性（无监督）映射方法有等距映射法（ISO-Matric Mapping，ISOMAP）、FastMap、局部线性嵌入（Locally Linear Embedding，LLE）、拉普拉斯特征映射（Laplacian Eigenmaps，LE）和核主成分分析（Kernel PCA，KPCA）。近年来，流形学习研究在非线性降维中的作用越来越显著，也引起了学者们越来越多的关注。在本书的算法研究中，采用了非线性等距映射方法（ISOMAP），这是最常用的流形学习技术。该算法的主要优点是全局最优性、可证明的收敛性和对非线性流形的适用性。它已被应用于许多领域，如图像处理、机器人、计算机视觉图形、信号处理和模式识别。

流形学习是一种非线性降维映射技术。对于高维数据集的全局和局部框架，非线性方法的性能是最合理的。降维的主要重点是减少重复和基本模式的发现。它还可以用于数据可视化、机器学习和特征提取。这种技术在继续进行和执行分析之前，减少了数据损失较小的信息维数。降维的关键挑战是保护数据的结构，并以最小的数据损失执行转换。此外，降维技术可以用线性（有监督的）或非线性（无监督的）映射方法来描述。线性（监督）映射方法是指信息位于一个线性组合子空间中，实际数据变量通过一组较小的原始数据变量进行交换。线性映射方法可以将高维数据转换为低维数据，作为实际变量的线性排列。非线性（无监督）映射方法只能应用于原始的非线性数据集，用高维和低维表示数据点，通过计算实际数据点之间的距离得到结果。由于高维信息主要位于或接近低维非线性流形，线性映射方法的性能大多不完善。虽然非线性技术，如局部切线空间对齐（Local Tangent Space Alignment，LTSA）和拉普拉斯特征映射（LE），已经被证明对小的实验室数据具有经验上的有效性，但它们还没有被证明能够实现高维数据的全局和局部框架的目标。而且，当使用更复杂和有噪声的输入数据时，降维性能会大大降低。由于测地线距离的计算对噪声数据很敏感，可能会破坏相邻的局部形状或造成边缘脱节。因此，它不能用于线性（分类）任务或带有标记数据的数据集的完整类信息。

ISOMAP 是一种非线性降维技术，它保持了测地线距离，并在从高维和高维到低维度量空间的整形过程中产生特征。ISOMAP 是多维坐标转换法（MDS）的非线性推广，利用测地线距离对非线性数据建模。对于在非线性流形上的数据，ISOMAP 使用两个数据点之间的测地线距离，而不是直线欧几里得距离。ISOMAP 的主要目的是找出最优的子空间，并保持数据点之间的测地线距离。ISOMAP 产生矩阵 D 的特征值的最短表示，给定距离矩阵 D 和数据点集合 N。相邻点之间的测地线距离用输入空间距离近似。测地线距离计算为邻域图中距离较远的点的最短路径。首先，基于输入空间中一对数据点之间的距离，建立流形学习的 K 近邻（K-Nearest Neighbor）图。其次，利用最短路径距离图算法计算所有对数据点之间的测地线距离矩阵。通过对测地线距离稠密矩阵进行特征分解，进一步寻找低维嵌入。

（1）为所有数据点绘制局部 K 近邻（KNN）图。以 ISOMAP 方法搜索流形上数据点的 K 个最近邻。在本小节中近邻图数据表示为 ε 和 K。K 是最近的邻居的数量，ε 是搜索到的最大欧几里得距离。如果 x_i 是 x_j 的 K 最近邻居或者他们比特定的距离 ε 更接近，则构建数据点之间的邻接矩阵 G，G 上的每一个值都是数据点 x_i 和 x_j 之间的欧几里得距离。

（2）估计所有数据点之间的测地线距离。然后在流形学习中搜索 K 个最近邻数据点。ISOMAP 使用最短路径距离图 G 计算所有对数据点 x_i 和 x_j 之间的测地线距离矩阵，然后使用 Dijkstra 和 Floyd 的算法计算最短路径距离。如果点 j 是点 i 的邻居，则设定边为测地线距离，并初始化测地距离为 $d_G(x_i, x_j)=d(x_i, x_j)$。如果点 i、j 不相邻，则 $d_G(x_i, x_j)=\infty$。对于每个 $k=1, 2, \cdots, n$，计算其流形空间中的最短距离，计算公式为：$d_G(x_i, x_j)=\min\{d_G(x_i, x_j), d_G(x_i, x_k)+d_G(x_k, x_j)\}$。最后，将图 G 上的边作为矩阵上的元素组成距离阵 $S=\{d_G(x_i, x_j)\}$，$i, j=1, \cdots, n$。

（3）转换低维嵌入。在第三步中，将 MDS 应用于产生的测地线距离矩阵，通过执行特征分解来识别低维嵌入。ISOMAP 检测了高维数据集的一些基本特征，如手写数字、手势图像和面部图像。构建 d 维低维嵌入。使用多维坐标转换法对 $-\frac{1}{2}HSH$ 做特征值分解，得到其特征值 λ_1，…，λ_n，$i=1$，…，n 及特征向量 v_1，…，v_n，$i=1$，…，n。d 维低维嵌入 $(y_1, \cdots, y_n)^T$，$i=1$，…，n 就等于（$\sqrt{\lambda_1 v_1}$，…，$\sqrt{\lambda_n v_n}$）。

5.2.2 数据预处理方法

所有的知识发现任务都需要数据预处理，知识发现和数据挖掘的各种正式流程模型已经被提出。这些模型估计数据预处理阶段占整个过程工作的 50%，而数据挖掘任务只占 10%~20%。标准的预处理步骤包括数据集创建、数据清理、集成、特征构造以获得新的高级特征、特征选择以选择相关特征的最佳子集、缩减和离散化。

（1）数据集创建：涉及识别用于培训和测试的代表性网络流量。应该标记这些数据集，以指示连接是正常的还是异常的。

（2）特征构造：目标是创建比初始特征集更好的识别能力的附加特征，这可以给机器学习算法带来显著的改进。特征可以手工构建，也可以使用序列分析、关联挖掘和频繁事件挖掘等数据挖掘方法。

（3）约简：通常通过丢弃冗余或不相关的特征来降低数据集的维数。这种优化过程被称为特征选择，通常用于缓解“维数诅咒”。数据约简也可以通过特征提取来实现，特征提取可以将初始特征集转化为更少的新特征。主成分分析（PCA）是一种常用的数据约简线性方法。

预处理将网络流量转换为一系列的观测值，其中每个观测值都表示为一个特征向量。根据观察结果可以选择标记其类，如“正常”或“异常”。这些特征向量可以作为数据挖掘或机器学习算法的输入。机器学习是使用根据提供给它的标记数据实例（观察结果）进化的算法。

这些算法能够从这些观察中归纳出结论，因此允许对未来的观察进行自动分类。常用的数据预处理算法包括：

（1）属性约简算法

根据以往的经验，许多名词型的数据往往不能对质量结论产生影响，如监控某一道关键工序时，采集到的数据中关于工序名称与工序号的属性完全一样，因此可以将该属性约简。根据粗糙集中等价关系及支持度的概念建立以下过滤标准：

设整个数据集为 U，建立一个需要属性约简的等价关系 R，U 在 R 下的划分为 $U/R=\{[x]_1, [x]_2, \cdots, [x]_n\}$；定义等价关系 $S=\{$质量结论$\}$，U 在 S 下的划分为 $U/S=\{W_1, W_2\}$。

定义 1：每个等价类对决策属性 1 与 -1 的支持度可以分别表示为 $S_p=|[x]_i \cap W_1|/|U|$ 与 $S_n=|[x]_i \cap W_2|/|U|$，其中，$i=1, \cdots, n$。从而得到约简系数为：

Equation Chapter (Next) Section 5

$$R=S_p-S_n<\alpha$$

其中，α 可以自定义。如果 $R<\alpha$，则该属性可以被约简掉。

（2）类型统一算法

常见的类型统一算法就是最常用的两种数据类型间的转换，即数值型与名词型，方法分别是数据离散化与数据数值化。通过将属性域划分为区间，离散化技术可以用来减少给定连续属性值的个数。区间的标号可以替代实际的数据值。如果使用基于判定树的分类挖掘方法，减少属性值的数量特别有好处。通常，这种方法是递归的，大量的时间花在每一步的数据排序上。因此，待排序的不同值越少，这种方法就应当越快。许多离散化技术都可以使用，以便提供属性值的分层或多维划分——概念分层。对于给定的数值属性，概念分层定义了该属性的一个离散化。通过收集并用较高层的概念（年龄的属性，如 young、middle-age 和 senior）替换较低层的概念（如年龄的数值），概念分层可以用来归约数据。通过这种泛化，尽管细节丢失了，但泛化后的数据更有意义、更容易解释，并且所需的空间比原数据少。在归约的数据上进行挖掘，与在大的、未泛化的数据上挖掘相比，所需的 I/O 操作更少，并且更有效。

对于用户或领域专家，人工地定义概念分层可能是一项令人乏味、耗时的任务。幸而，许多分层蕴含在数据库模式中，并且可以在模式定义级定义。概念分层常常自动地产生，或根据数据分布的统计分析动态地加以提炼。数值属性的概念分层可以根据数据分布分析自动地构造。五种数值概念分层产生的方法包括分箱、直方图分析、聚类分析、基于熵的离散化和通过“自然划分”的数据分段。

（3）量纲统一算法

由于使用的数据集都是连续型数值，首先需要将数据离散化。传统的离散化方法一般采用等距间隔法，但是等距间隔法的离散化结果过分依赖间隔的设定是否合理，不能有效反映数据间的自然分布规律。对于数值型数据，需要将其进行归一化以消除不同量纲带来的数值大小的影响：

$$a_{ij}=\frac{a_{ij}-a_{i\min}}{a_{i\max}-a_{i\min}}$$

其中，a_{ij}为将要归一化的属性值，$a_{i\max}$、$a_{i\min}$为该列属性值中的最大值与最小值。

5.2.3 “核”方法

近年来，核方法已经成为数据挖掘与模式识别研究的热点。核方法通过“核技巧”将非线性问题映射到高维特征空间上转化为线性问题来解决。这种“核技巧”还能够避免因升高维度而带来的额外计算开销。分类算法是数据挖掘与模式识别的重要方法。因此，基于核方法的分类算法也成为研究与应用的热点问题，常用的核分类方法有核主成分分析、核费舍尔判别分析（Kernel Fisher Discriminat，KFD）及支持向量机等。基于核的方法是在将原始输入空间映射到高维核空间的基础上进行操作的。这些方法提供了解释线性不可分数据学习模型的能力。支持向量机（Support Vector Machines，SVMs）是最流行的基于核的算法之一，广泛用于各种分类应用。支持向量机具有较好的处理大输入信号和克服噪声样本的能力。大多数基于内核的方法使用单一预定义内核，如径向基核或多项式核。然而，实际的学习问题揭示了使用多个内核的必要性，因为大多数数据来自不同的数据源，或者可能作为不同的表示遇到。多内核学习（MKL）是一种将多个内核结合在一起的方法，目的是在实际场景中实现更高、更灵活的解决方案。

在实际应用中，数据中存在较多的非线性成分，导致很多线性方法不足以表示数据的非线性结构。通常存在两种方法：神经网络方法和核函数方法。这两种方法通常用于解决变量或数据的非线性问题。神经网络具有较强的学习能力，但主要缺点是基于梯度下降算法的训练过程耗时长，容易陷入局部极小值。此外，网络结构和参数转换的设计也高度依赖于经验和技能。另一种常用的解决非线性问题的方法是核函数法。其基本思想是将非线性数据映射到高维特征空间，然后在高维空间中寻找线性解，基于核的方法的一个典型应用是核主成分分析（Kernel PCA，KPCA）。首先将 KPCA 方法应用于图像处理研究，然后由于其在解决非线性问题方面的强大能力和普适性，逐渐将其扩展到工业过程监控等许多其他领域。在使用核函数法时，首先要定义映射函数。核函数的核心思想是使用“核技巧”。假设输入空间中的一个点 x_i 通过非线性映射函数$\varphi(x_i)$映射到特征空间，其映射关系为$\varphi(x_{11}, \cdots, x_{1N})$。由于 $\varphi(x_i)$ $\varphi(x_j)$ 可以非常轻松地由核函数 $k(x_i, x_j)=\varphi(x_i)$ $\varphi(x_j)$ 得到，因此“核技巧”的核心优势是数据的升维带来了非线性问题到线性问题的转变，却没有带来因维度提升而产生的计算复杂度。

此外，在工业过程监控中，任务是检测异常，而正常数据和异常数据往往属于不同的聚类，可以利用核函数来计算不同样本之间的关系。此外，核函数可以在不知道映射函数的显式表达式的情况下计算出不同样本之间的关系。将核函数定义为在基于核函数的特征空间中计算出的内积结果等于根据映射结果得到的内积。通常情况下，有一些常用的内核函数如下：

高斯核函数：$k(x_i, x_j)=\exp(-\|x_i-x_j\|^2/2\sigma^2)$，其中 σ 是高斯核函数的参数。

多项式核函数：$k(x_i, x_j)=(x_i^T x_j+1)^d$，其中 d 是多项式核函数的参数。

线性核函数：$k(x_i, x_j)=x_i^T x_j$。

5.3 数据的模糊表示与相似度（相异度）度量

5.3.1 模糊和粗糙表示

5.3.1.1 模糊表示

在经典集合论中，一个集合中一个元素的成员是用二分法来表示的（无论是0还是1），而模糊集合理论允许部分隶属度，这意味着它所包含的元素在集合中具有不同程度的隶属度，遵循一个隶属函数值区间[0，1]。该理论是由 Zadeh（1965）提出的，它反映了在不确定和不精确的环境中，人类推理的大多数模式本质上是近似的。模糊集理论是对传统集论的一种范式转换。该理论可以应用于广泛的领域，在信息不完整或不精确的情况下尤其有用。Zadeh 建立了基于部分隶属度概念的模糊集理论，这使得研究人员可以开发出一个新的框架来综合不确定性和模糊性。如果存在一个非空集合，然后一个模糊子集 U 由隶属函数定义 μ_A：$U \to [0, 1]$，可以解释为一个 U 上的扩展的特征函数 χ_A。U 上的所有模糊子集的集合可以表示为 $F(U)$。$P(U)$ 则表示 U 上所有模糊子集。基于上述原因，可以很自然地将 $P(U)$ 归入 $F(U)$。对于任何 μ，$v \subset F(U)$，$\mu \subset v$ 意味着对所有 $\mu \in U$，都满足 $\mu(u) \leqslant v(u)$。此外，模糊隶属函数的交和并的运算法则满足 $(\mu \cup \nu)(u) = \max(\mu(u), v(u))$ 且 $(\mu \cap \nu)(u) = \min(\mu(u), v(u))$。其补集的定义为：对所有的 $\mu^c \in F(U)$，$u \in U$，其补集为 $\mu^c(u) = 1 - \mu(u)$，$\mu \in F(U)$。Zadeh 的模糊集理论在决策中的应用和优点得到了广泛的研究。通常情况下，模糊集不足以获取模糊的知识。

5.3.1.2 粗糙表示

与模糊集相似，同样是描述事物不确定性的方法粗糙集也在知识发现上起着重要的作用。粗糙集理论（Rough Set Theory，RST）是处理数据的不确定性、模糊性和不完全性的一种范式。它是在数据挖掘和知识发现时代具有重要应用价值的数据分析工具。粗糙集理论给出了监督和非监督特征选择的依赖测度概念。无监督特征选择技术（也称为属性聚类）首先利用粗糙集理论计算属性之间的依赖程度，找出每对属性之间的相似（或不相似）值。然后，根据这些相似值，提出了不同的聚类技术来选择信息属性。

在 Pawlak 的粗糙集模型中，知识被理解为从一个固定的域 W 中对对象进行分类的能力。任何分类都是该域的一个划分。因此，它是基于近似空间的简单结构，由一个非空集的对象 W 和一个在 W 上的等价关系 R 组成。对象在同一等价类提供的 R 是无法识别的，也就是说知识是由等价关系 R 所产生的。基于这个简单的想法，任何概念都可以表示为域 W 上的一组等价划分 X。这组划分可以表示为一定属于和部分属于的两种等价类，由其上下近似定义可以分别给出如下表示：

下近似：$\underline{X}_R:=\{x: R(x)\subset X\}$；上近似：$\overline{X}_R:=\{x: R(x)\cap X\neq\varnothing\}$。

其中，$R(x)$ 表示一组 $\{y\in W:(x, y)\in R\}$。将一个集合映射到它的下（上）近似的函数称为下（上）近似算子。随着时间的推移，Pawlak 的简单粗糙集模型由于不同的实际情况的需求而得到了许多推广。一个有用的粗糙集的派生关系 R 不一定是等价的。在这些广义近似空间中，集合的上下近似的概念以自然的方式定义。粗糙集理论的应用大多基于一个属性——值表示模型，称为确定性信息系统。本质上，这些表给出了域 a 的对象为某些属性获取的值，例如属性“颜色”的值为“蓝色”，属性“形状”的值为“圆形”。然后域被划分成不可识别的对象块，因为匹配关于它们的所有可用信息，所以不可识别。形式上，以下是信息系统的数学表示和域内对象之间的诱导不可分辨性。确定性信息系统（DIS）：

$$S:=(W, A, \cup_{a\in A}V_a, f)$$

其中，W 为非空集合，A 表示属性的非空有限集，对于每个 $a\in A$ 的属性值的非空有限集 V_a，f 为一组划分：

$$f: W\times A\rightarrow\cup_{a\in A}V_a,\ f(x, a)\in V_a$$

基于 S 给出的信息，对于每个 A 的子集 B 所包含的在 W 上的等价划分表示为 Ind_B^S，则 Ind_B^S 就被定义为由 B 所诱导出的一组等价关系：

对所有的 $a \in B$，$(x, y) \in \mathrm{Ind}_B^S \Leftrightarrow f(x, a) = f(y, a)$。

因此，对于给定的一个确定性信息系统 S 和一组确定的属性集合 B，就能够得到一个近似空间（W，Ind_B^S），近似计算符号可以表示为：$\mathrm{Ind}_{\varnothing}^S = W \times W$。

随着粗糙集理论的提出，如何为粗糙集和信息系统提供合适的逻辑成为众多研究者关注的问题。可以找到几种具有不同特征的逻辑学建议，这些建议可以用来研究粗糙集理论相关概念的性质。在这种逻辑中，人们希望其具有以下两个特征：第一，逻辑应该能够描述信息系统的各个方面，例如属性和属性值。第二，它还应该能够捕获由不同属性集引起的集合近似。可以找到第一个特性的逻辑，也可以找到第二个特性的逻辑。Pawlak 首先提出了用于具有第一个特征的信息系统的简单逻辑，称为决策逻辑。这种逻辑中的原子命题是描述符，它们的形式（a，v），a，v 分别表示语言中的属性和属性值常量。Pair（a，v）在信息系统中被解释为包含域的所有对象的集合，这些对象获取属性 a 的属性值 v。一个通用的公式是描述符的布尔组合。然而，在这个逻辑中没有表达集合近似的工具。不完全信息系统和非确定性信息系统的这种逻辑在后续得到了研究。此外，这些工作也为粗糙集理论的时间和动态逻辑奠定了基础，粗糙集理论可以用来推理随时间演变的近似算子。在认识逻辑的理论框架下，还有另一类模态逻辑，它提供了对知识的正式研究。认知逻辑的语言，除了命题变量和布尔连接词，还包含了模态运算符的捕获，例如，知识、信念、安全信念、合理性等。语言的语义通常基于可能的世界，其中有一组状态，每个状态表示一种可能的事件状态。表示基本事实的命题变量被赋给与状态相关的 true 或 false 值。除了事件的真实状态，代理人可能会考虑许多其他的状态。

5.3.2 相似度（相异度）度量

5.3.2.1 距离衡量

距离衡量是机器学习中非常重要的一个指标，其目的是表示两个数据点之间的相似程度，而相似程度的补集则为相异程度，假如规定相似度的区间为［0，1］，在不同的方法中需要用到不同的距离衡量算法。这一节介绍距离衡量与相异度衡量。

（1）欧式距离（Euclidean Distance）。欧式距离是最常见的距离衡量方式。一般欧式距离衡量的是几何距离，该距离可以在二维、三维、多维空间使用。这也是数学学习中最先接触到的距离衡量方式。假设数据点有 n 维，$X=\{x_1, \cdots, x_n\}$，点 X_i 与点 X_j 的欧式距离可以表示为：$\| X_i, X_j \|^2=\sqrt{(x_{i1}-x_{j1})^2+\cdots+(x_{in}-x_{jn})^2}$。

（2）曼哈顿距离（Manhattan Distance）。根据距离的名称可知，这是在曼哈顿街区从一个十字路口开车到另一个十字路口所需要的距离，这个驾驶距离由于不是在几何空间，点与点之间需要通过道路，即“路径”相联系，因此在计算时不是计算两点间的直线距离。驾车通过路径由一个点到另一个点的距离就是“曼哈顿距离”。曼哈顿距离也称为“城市街区距离”（City Block Distance）。与欧式距离一样可以假设两个点，数据点有 n 维，$X=\{x_1, \cdots, x_n\}$，点 X_i 与点 X_j 的曼哈顿距离可以表示为：$|X_i, X_j| = \sum_{k=1}^{n} |x_{ik} - x_{jk}|$。

（3）切贝雪夫距离（Chebyshev Distance）。国际象棋中，国王可以直行、横行、斜行，所以国王走一步可以移动到相邻8个方格中的任意一个。国王从格子（x_1，y_1）走到格子（x_2，y_2）最少需要多少步？这个距离就叫切贝雪夫距离。同样假设两个数据点有 n 维，$X=\{x_1, \cdots,$

$x_n\}$，点 X_i 与点 X_j 的切贝雪夫距离可以表示为：$D(X_i, X_j) = \max\{|x_{i1} - x_{j1}|, \cdots, |x_{in} - x_{jn}|\}$。

（4）闵可夫斯基距离（Minkowski Distance）。闵氏距离不是一种距离而是一组距离的定义，是对多个距离度量公式的概括性的表述。其表达式为：

$$D(X_i, X_j) = \sqrt[p]{\sum_{k=1}^{n} |x_{ik} - x_{jk}|^p}$$

其中，$p=1$ 时为曼哈顿距离；$p=2$ 时为欧式距离；$p\to\infty$时为切贝雪夫距离。因此，根据变参数的不同，闵氏距离可以表示某一类/种的距离。闵氏距离，包括曼哈顿距离、欧氏距离和切贝雪夫距离，都存在明显的缺点。

（5）马氏距离（Mahalanobis Distance）。马氏距离是基于样本分布的一种距离。物理意义就是在规范化的主成分空间中的欧氏距离。所谓规范化的主成分空间就是利用主成分分析对一些数据进行主成分分解，再对所有主成分分解轴做归一化，形成新的坐标轴。由这些坐标轴组成的空间就是规范化的主成分空间。有 n 个样本向量 X_1，…，X_n，协方差矩阵记为 S，均值记为向量 μ，则其中样本向量 X 到 μ 的马氏距离表示为：$D(X) = \sqrt{(X-\mu)^T S^{-1} (X-\mu)}$，由此可以继续推导 X_i 与 X_j 的马氏距离，表示为：$D(X_i, X_j) = \sqrt{(X_i-X_j)^T S^{-1} (X_i-X_j)}$。若协方差矩阵是单位矩阵（各个样本向量之间独立同分布），则 X_i 与 X_j 的马氏距离等于它们的欧氏距离：$D(X_i, X_j) = \sqrt{(X_i-X_j)^T (X_i-X_j)}$，这个距离为内积。马氏距离的特点：量纲无关，排除变量之间的相关性的干扰；马氏距离的计算是建立在总体样本的基础上的，如果拿同样的两个样本，放入两个不同的总体中，最后计算得出的两个样本间的马氏距离通常是不相同的，除非这两个总体的协方差矩阵碰巧相同；计算马氏距离过程中，要求总体样本数大于样本的维数，否则得到的总体样本协方差矩阵逆矩阵不存在，这种情况下，用欧式距离计算即可。

（6）标准化欧式距离。标准化欧氏距离是针对欧氏距离的缺点而做的一种改进。标准欧氏距离的思路：既然数据各维分量的分布不一样，那先将各个分量都“标准化”到均值、方差相等。假设样本集 X 的均值（Mean）为 m，标准差（Standard Deviation）为 s，X 的“标准化变量”表示为：$X^*=\frac{X-m}{s}$，其中两点之间的距离计算公式为：$D(X_i,\ X_j)=\sqrt[2]{\sum_{k=1}^{n}|x_{ik}-x_{jk}|^2}$。这种标准化类似于概率论中的正态分布与标准正态分布之间的转化，即标准正态化。

（7）海明距离（Hamming Distance）。两个等长字符串 str_1 与 str_2 的海明距离为：将其中一个变为另外一个所需要的最小字符替换次数，是字符串相对于同样长度的零字符串的海明距离，也就是说，它是字符串中非零的元素个数。对于二进制字符串来说，就是 1 的个数，所以 11101 的海明距离是 4。海明距离分析在信息论、编码理论、密码学等领域都有应用。比如在信息编码过程中，为了增强容错性，应使得编码间的最小海明距离尽可能大。但是，如果要比较两个不同长度的字符串，不仅要进行替换，而且要进行插入与删除的运算，在这种场合下，通常使用更加复杂的编辑距离等算法。

（8）余弦距离（Cosine Distance）。几何中，夹角余弦可用来衡量两个向量方向的差异；机器学习中，借用这一概念来衡量样本向量之间的差异。假设两个数据点有 n 维，$X=\{x_1,\ \cdots,\ x_n\}$，点 X_i 与点 X_j 的余弦，即两个向量之间的夹角可以表示为：$\cos\theta=\frac{X_iX_j}{|X_i|\ |X_j|}=\frac{\sum_{k=1}^{n}x_{ik}x_{jk}}{\sqrt{\sum_{k=1}^{n}x_{ik}^2}\sqrt{\sum_{k=1}^{n}x_{jk}^2}}$。

5.3.2.2 相异度衡量

设在任意空间中有 n 个对象，对象之间的相异度为 δ_{rs}。在欧式空间中，计算对象之间的相异度是欧式距离 d_{rs}。降维算法的目的是找到某一低维空间能够保证 $d_{rs} \approx f(\delta_{rs})$。其中 f 是一个无参的连续函数，其作用是转换距离与相异度。

首先，介绍经典的坐标变换法及其流形推广 ISOMAP 法的数学原理。假设一组对象组成一个集合 O，计算这组对象之间相异度的空间为 $O\times O$，其中，对象 r 和对象 s 之间的相异度为 δ_{rs}，r，$s \in O$。假设 φ 是任意从 O 到 E 的映射，其中 E 是能够满足从 O 到 E 一一映射的欧式空间。假设令 $\varphi(r)=x_r$，其中 $r \in O$，$x_r \in E$。如果欧式空间 E 上两点间的欧式距离是 d_{rs}，对于所有的 r，$s \in O$ 找到该映射 φ，使得 $d_{rs} \approx f(\delta_{rs})$ 为经典坐标变换法和流形学习法的数学原理。

经典坐标变换法：假设由一组 n 个对象 x_i 所组成的空间为 X，其维度为 p。空间 X 上相异度的计算为 ${\delta_{rs}}^2=(x_r-x_s)^T(x_r-x_s)$。该相异度可以重构为矩阵 A，其中 A 由 $a_{rs}=-\frac{1}{2}\delta_{rs}^2$ 构成。令 $B=HAH$，由于 ${\delta_{rs}}^2=(x_r-x_s)^T(x_r-x_s)$，$B$ 则由 $b_{rs}=(x_r-\bar{x})$ 构成，其中 $\bar{x}=\frac{1}{n}\sum_{i=1}^{n} x_i$。因此 $B=(HX)(HX)^T$，B 是一个正定、实型且对称的矩阵。对 B 做特征值分解，$B=\Lambda V\Lambda^T$，其中 Λ 为特征值组成的对角矩阵，V 为特征值所对应的特征向量所组成的矩阵。如果 $p<n$，并且特征值对角矩阵 Λ 为特征值按照由大到小排列，$B=\Lambda_p V_p \Lambda_p^T$，其中 Λ_p 为 B 的前 p 个特征值，V_p 为 Λ_p 中特征值所对应的特征向量。如果令 $\hat{X}=\Lambda_p V_p^{\frac{1}{2}}$，则 B 能够重新被表示为 $B=\hat{X}\hat{X}^T$。$\hat{X}$ 为经典坐标变换法及其流形推广 ISOMAP 法所得到的低维嵌入。

由上可知，经典坐标变换法和ISOMAP法能够保证得到欧式空间的低维嵌入，并保证 $d_{rs} \approx f(\delta_{rs})$。该结论的前提是所给的对象能够用欧式距离表示相异度，因此才能映射到欧式空间。但是有很多数据类型不能保证是全数值型，并在欧式空间上能够计算欧式距离。比如在数据挖掘及其应用领域常用的数据类型有区间型数据、比例型数据及名词型数据等。对于这些类型的数据，不能用欧式距离来衡量其相异性，因此，要寻找这种类型的低维嵌入就需要使用加常数法计算。加常数法能够找到相异度的正确衡量，使用加常数法需要满足两个原则：第一个原则是找到合适的常数与相异度相加并且使得 B 矩阵半正定；第二个原则是不同的数值类型要去加不同的常数。

加常数法就是为某一相异度找到一个适合的常数与之相加，令该相异度能够最接近对象之间真实的相异度。假设对象 r 和对象 s 之间的相异度为 δ_{rs}，加常数过后的相异度为 ${\delta_{rs}}^{c}$，则 δ_{rs} 和 ${\delta_{rs}}^{c}$ 之间的关系是：${\delta_{rs}}^{c}=\delta_{rs}+c(1-\xi_{rs})$，其中 ξ_{rs} 是一个克罗内克函数，如果 $r \neq s$，$\xi_{rs}=0$；如果 $r=s$，$\xi_{rs}=1$。加常数法的目的是找到合适的 c 满足 δ_{rs} 到 ${\delta_{rs}}^{c}$ 之间的转换。常见的加常数法形式为：

$$ {\delta_{rs}}^{c}=\delta_{rs}+c(1-\xi_{rs}) $$

$$ {\delta_{rs}}^{c}=(d_{rs}^{2}+c(1-\xi_{rs}))^{\frac{1}{2}} $$

$$ {\delta_{rs}}^{c}=(d_{rs}^{r}+c(1-\xi_{rs}))^{\frac{1}{r}} $$

其中，${\delta_{rs}}^{c}=(d_{rs}^{2}+c(1-\xi_{rs}))^{\frac{1}{2}}$ 是转换距离与相异度的加常数形式，而 ${\delta_{rs}}^{c}=(d_{rs}^{r}+c(1-\xi_{rs}))^{\frac{1}{r}}$ 是在前式的基础上增加了参数 r，其中的 r 是正数。

5.4 大数据环境下的分类方法研究

5.4.1 降维算法与分类算法之间的“核”联系

一般的支持向量机分类优化在于核函数及其参数，其目的是为所选样本找到合适的核函数和正确的参数。不同的问题和不同的样本会有其各自最优的核函数和参数，但是对于先降维后分类的混合方法就有原空间与核空间的差异，需要对问题做进一步的研究。流形学习低维嵌入的核空间与原空间的差异较大因而产生分类误差，因此研究并发现新的核空间可以大大改善低维嵌入上支持向量机的分类精度。

支持向量机的目的是寻找一个分类超平面，使得超平面所分割的两类之间的间隔最大化。为了寻找这个超平面，则需要解决一个二次规划问题。该问题的数学模型描述如下：

设 $x_i \subset R^N$ 并且 $y_i \in \{-1, 1\}$，其中 $i=1, \cdots, n$。x，y 共同组成一组带有类标号的训练数据 (x_1, y_1)，…，(x_n, y_n)，$i=1, \cdots, n$，其中 y_i 为类标号。令 w，b 为平面的参数，则支持向量机的决策函数为：Equation Chapter 2 Section 2。

$$f(x) = w^T x + b$$

支持向量机算法的目的就是优化其中的 w，b，为了在二次规划中解决这个问题，就需要引入松弛变量 $\xi = (\xi_1, \cdots, \xi_i, \cdots, \xi_n)$，$i=1, \cdots, n$,其中 $\xi_n \geqslant 0$。令 C 为惩罚因子，则支持向量机的分类模型可以建立为：

$$\min \frac{1}{2} w w^T + C \sum_{i=1}^{n} \xi_i$$

$$s.t.\ y_i\ (w^T x_i + b)\ \geqslant 1 - \xi_i,\ \xi_i \geqslant 0,\ \forall i$$

然后通过上式的二次规划问题可以建立支持向量机的分类器，并通过分类器得到预测样本的类标号。分类器见下式，其中 sign 是区分函数：

$$Y = \mathrm{sign}\left(\sum_j a_j \cdot y_j(x,\ x_j)\ + b\right)$$

支持向量机之所以被称为经典的核方法应用典型，是因为在大多数情况下的非线性问题不能使用上面所得到的分类器，需要通过“核技巧”将原始问题映射到高维核空间中转换为线性问题来解决。假设 $k(x)$ 的功能是将向量 x 通过函数 k 映射到核空间的数学变换。核方法的支持向量机可以被重新改写为：

$$\min \frac{1}{2} w w^T + C \sum_{i=1}^{n} \xi_i$$

$$\mathrm{s.t.}\ y_i(w^T k\ (x_i) b) \geqslant 1 - \xi_i,\ \xi_i \geqslant 0,\ i = 1,\ 2,\ \cdots,\ n$$

为了方便解出上式，将上式改写为它的对偶形式，其中 $\alpha = (\alpha_1,\ \cdots,\ \alpha_n)$ 为拉格朗日乘子：

$$\max \sum_{i=1}^{n} \alpha_i - \frac{1}{2} \sum_{j=1}^{n} \alpha_i \cdot \alpha_j y_i y_j k(x_i,\ x_j)$$

由上式建立的分类器为：

$$Y = \mathrm{sign}\left(\sum_j \alpha_j \cdot y_j k(x_i,\ x_j)\ + b\right)$$

由上式所建立的支持向量机的分类模型可知，支持向量机的最大错误分类率 N_1 的计算式为：

$$N_1 \leqslant (2R/\gamma)^2$$

其中，$\| w \| = 1$，$R = \max \| k(x_i) \|$。

根据上述定义，对流形学习降维后的低维嵌入分类的支持向量机所选择核空间与原空间的差异越小，则支持向量机的分类正确率就会越高。

定理 5.1：如果存在一个非线性的映射函数 $x=k(y)$，将 $y_i \subset R^d$ 映射到 $x_i \subset R^N$，其中 y_i 是低维嵌入，x_i 是原始数据。低维嵌入与原始空间是一对几何结构误差最小的映射，误差低于低维嵌入上的 SVM 常用核，包括线性核、多项式核及高斯核。

证明：核空间与原空间的差异可以通过距离来描述。核空间之间的差异函数 L 可以被定义为：

$$L=\sum_i \sum_j (k(y_i, y_j) - d(\varphi(y_i), \varphi(y_j)))^2 / \sum_i \sum_j k(y_i, y_j)^2$$

由上可知原空间与低维嵌入的核空间差异越小，则函数 L 的值越小，反之 L 的值则越大。

由于 ISOMAP 方法是多维坐标转换法的流形推广，由多维坐标转换法可知，$k(y_i, y_j)$可以将数据直接映射回原始空间，因此$k(y_i, y_j)=\| x_i-x_j \|^2=d(x_i, x_j)$。这两个空间之间的距离差异为：

$$\begin{aligned}L_{ISOMAP} &= \sum_i \sum_j (k(y_i, y_j) - d(\varphi(y_i), \varphi(y_j)))^2 / \sum_i \sum_j k(y_i, y_j)^2 \\ &= \sum_i \sum_j (k(y_i, y_j) - d(x_i, x_j))^2 / \sum_i \sum_j k(y_i, y_j)^2 = 0\end{aligned}$$

而其他常用的核函数如高斯核函数、多项式核函数和线性核函数与低维嵌入空间距离的差别可以非常直观地得到：

$$\begin{aligned}L_{linear} &=\sum_i \sum_j (k(y_i, y_j) - d(\varphi(y_i), \varphi(y_j)))^2 / \sum_i \sum_j k(y_i, y_j)^2 \\ &=\sum_i \sum_j (y_i, y_j^T - d(x_i, x_j))^2 / \sum_i \sum_j k(y_i, y_j)^2 \\ &=\sum_i \sum_j (y_i, y_j^T - \| x_i, x_j \|^2)^2 / \sum_i \sum_j k(y_i, y_j)^2 >0\end{aligned}$$

$$\begin{aligned}L_{polynomial} &=\sum_i \sum_j (d(y_i, y_j) - d(\varphi(y_i), \varphi(y_j)))^2 / \sum_i \sum_j k(y_i, y_j)^2 \\ &=\sum_i \sum_j ((y_i, y_j^T + 1)^d - d(x_i, x_j))^2 / \sum_i \sum_j k(y_i, y_j)^2 \\ &=\sum_i \sum_j ((y_i, y_j^T + 1)^d - \| x_i, x_j \|^2)^2 / \sum_i \sum_j k(y_i, y_j)^2 >0\end{aligned}$$

$$L_{Gaussion}=\sum_i\sum_j(d(y_i,\ y_j)-d(\varphi(y_i),\ \varphi(y_j)))^2/\sum_i\sum_j k(y_i,\ y_j)^2$$

$$=\sum_i\sum_j((\exp(-\|y_i-y_j\|^2/2\gamma^2)-d(x_i,\ x_j))^2/\sum_i\sum_j k(y_i,\ y_j)^2$$

$$=\sum_i\sum_j(\exp(-\|y_i-y_j\|^2/2\gamma^2)-\|x_i-x_j\|^2)^2/\sum_i\sum_j k(y_i,\ y_j)^2>0$$

由上可知，流形学习所建立的测地距离空间与降维后的低维嵌入空间之间的差别最小。因此，由上述证明可知原空间与低维嵌入空间之间的数据结构最相似，距离误差最小。

如果训练集确定，错误分类数与分类间隔 γ 成反比，而 γ 又与数据间的距离相关，则支持向量机的错误分类数与距离有关，即支持向量机的分类正确率也与距离有关。在支持向量机的理论中，特征空间与原始空间保持分类一致性。如果存在某个非线性的映射函数 $x=k(y)$，将 $y_i\subset R^d$ 映射到 $x_i\subset R^N$，在空间 R^d 上得到的错误分类数 N_1 约等于在空间 R^N 上得到的。那么在低维嵌入空间上得到的分类器则相当于在原空间所得到的分类器。

由定理5.1可知，如果存在某个核函数将低维嵌入空间上的数据映射到原始空间，那么这个映射将会达到两个目的。首先，满足“核技巧”中将低维非线性数据映射到高维核空间上转换为线性问题的要求。其次，在分类时映射到与原空间较为近似的核空间上时，由于空间之间的差异小，达到了提高分类精度的目的。该定理说明在低维嵌入空间上选择合适的核函数能够改善支持向量机的分类准确率，并且优于常见的核函数的效果。

5.4.2 制造业大数据的混合分类算法

制造业大数据的混合分类算法分别为：数据采集、数据预处理、数据降维、数据分类。每个步骤的具体作用是：

Step 1：数据采集。在 MES 系统中与制造相关的数据往往不集中在一张数据表中，影响制造的因素又贯穿于计划、工具、库存和检验的产品全生产周期中，需要根据制造目标的不同选择与之相关的制造因素。数据采集就包含制造目标的确定，制造目标是制造改进所针对的对象，该对象可以是零件的全生产周期也可以针对某一关键工序。而数据采集就需要根据不同的制造目标采集相关的数据。

Step 2：数据预处理。数据预处理分为三步：属性约简、统一数据类型和统一量纲。而在采集到的数据中，有些属于冗余属性并且在分类中并不影响最终分类目标的取值，因此需要在分类及数据压缩前进行约简并将保留下来的数据归一化。采集数据的数据类型是多样的，如果是加工数据或者测量数据，往往表现为数值型；如果是反映人员、设备状况的数据，往往表现为名词型。在进行分类时需要将其类型统一为数值型，以便于 SVMs 进行分类处理。

Step 3：数据降维。高维的制造数据往往具有较强的耦合性。而 ISOMAP 算法能够有效地找到样本数据的主坐标，即 d 维低维嵌入。样本 d 维低维嵌入的提取能够保证主坐标之间耦合性最低。使用 ISOMAP 降维的另外一个目的则是简化数据维度，使下面的分类算法提高算法效率，提取更加有效的规则。

Step 4：数据分类。使用支持向量机的目的也有两个：首先是支持向量机能够分析样本获取分类器。分类器的获取能够对其他制造数据做预测，节省制造检验时间，提高生产效率。其次是提取支持向量，支持向量的提取能够进一步简化样本。结合流形学习降维和支持向量的提取，约简了样本规模，使得后续的决策分析步骤只分析最有用的数据，提高了算法的效率和准确性。流程如图 5-5 所示。

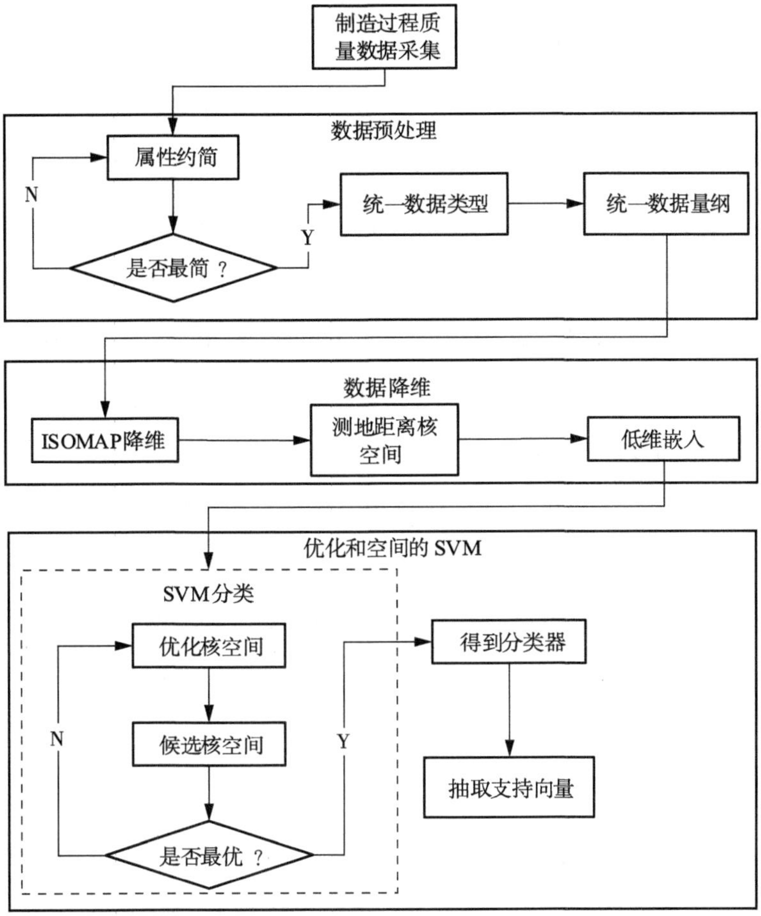

图 5-5 基于“核”方法的混合分类算法流程

5.5 基于“核”方法的粗糙聚类方法

5.5.1 粗糙核聚类的研究背景

近些年来，“核”方法与机器学习算法越来越多地结合起来，成为研究的热点。“核”方法的优点在于将数据升维到高维数据空间，而在计算中只需考虑两个点之间的“核距离”，而不用考虑映射关系。基于“核”方法的这一优势，核函数被引入到机器学习算法中解决当前机器学习所遇到的大数据问题。“核”方法与机器学习算法广泛结合，尤其是聚类与分类算法，主要解决了当前机器学习算法面对大数据时的线性不可分问题、不完备数据问题以及所处理数据中噪声数据对聚类和分类质量的影响等问题。目前研究的热点方法都是与核函数的引入相关的，如支持向量机算法（Support Vector Machine，SVM）、核主成分分析法（Kernel Principle Component Analysis，KPCA）和核费希尔判别法（Kernel Fisher Discriminat，KFD）等。“核”方法在这些算法中的成功，使得机器学习算法“核”函数化成为一种研究及算法演进的趋势。

传统的机器学习方法一般研究两大类问题：无监督的聚类算法与有监督的分类算法。聚类算法一般分为硬聚类与软聚类两种类型：硬聚类的代表算法为 k 均值算法（k-means）；软聚类的代表算法为模糊 C 均值算法（Fuzzy C-Means，FCM）。广义地讲，FCM 算法是 k-means 算法在模糊集上的一种推广。FCM 从模糊集的角度出发为每一类数据的归属情况定义隶属度函数来计算数据对每一类的归属程度。由于数据对每一类的归属程度的和为 1，所以 FCM 聚类诠释了数据的不确定性。为了使 FCM 算法的适应范围更广，FCM 算法与“核”函数结合形成了核模糊 C 均值算法（Kernel Fuzzy C-Means，KFCM）。近几年来，对 KFCM 的研究既包括了对核函数参数、聚类权重、算法鲁棒性这种算法本身的研究，也包括了 KFCM 在图像分割、图像识别等应用领域的拓展研究，因此 KFCM 是当下聚类研究的热点问题。

粗糙集与模糊集一样都是衡量不确定性的有力工具。k-means 算法在粗糙集的推广下所形成的算法为粗糙 k 均值算法（Rough K-Means Algorithm，RKM）。RKM 算法一经提出就成为近十多年来的热点问题。

随着模糊粗糙度概念的提出，模糊集与粗糙集越来越紧密地联系了起来，近几年来模糊粗糙的 RKM 算法随之成为 RKM 算法研究的核心问题。而 RKM 算法与 FCM 算法在应用过程中都遇到了适用性问题，即线性不可分问题、不完备数据问题，以及所处理数据中噪声数据对聚类和分类质量的影响等问题，亟须做“核”推广。本书据此提出一种基于相异度核空间的核粗糙 k-mean 算法（Dissimilarity Based Kernel Rough K-Means Algorithm，DBKRKM）。

5.5.2 模糊粗糙聚类

对于 N 维的 n 个向量 v_1，…，v_i，…，v_n，$i=1$，…，n，所形成的 k 类的 k 个中心为 x_1，…，x_j，…，x_k，$j=1$，…，k。RKM 方法认为粗糙聚类的每一个簇 x_i 具有下近似$\underline{A}(x_i)$ 及上近似$\overline{A}(x_i)$，w_{lower}和 w_{upper}分别对应以 x_j 为中心点的簇的上下近似的相对重要度。

对于某一簇的上下近似则需引入阈值 *thershold* 与集合 T，假设 $d(v, x_i)$，$1\leqslant i, j\leqslant k$ 最小，令：$T=\{j: d(v, x_i) - d(v, x_j)\leqslant threshold \text{ and } i\neq j\}$，则：

（1）如果 $T\neq\varnothing$，$v\in\overline{A}(x_i)$ 且 $v\in\overline{A}(x_j)$，v 不是任何一簇的下近似。

（2）如果 $T=\varnothing$，$v\in\overline{A}(x_i)$ 且 $v\in\underline{A}(x_i)$。

RKM 的聚类中心计算为：

$$x_i = w_{lower}\frac{\sum_{v\in \underline{A}(x_i)} v_j}{|\underline{A}(x_i)|} + w_{upper}\frac{\sum_{v\in(\overline{A}(x_i)-\underline{A}(x_i))} v_j}{|\overline{A}(x_i) - \underline{A}(x_i)|}, \text{ if } \overline{A}(x_i) - \underline{A}(x_i) \neq \varnothing$$

FCM 的聚类中心计算为：

$$x_i = \frac{\sum_{i=1}^{n}(\mu_{ij})^m v_i}{\sum_{i=1}^{n}(\mu_{ij})^m}$$

其中：$\mu_{ij}^m = \left[\sum_{l=1}^{k}\left(\frac{d(x_j, v_i)}{d(x_l, v_j)}\right)^{\frac{1}{m-1}}\right]^{-1}$。

因此，RFCM 的聚类中心计算为：

$$x_i = w_{lower}\frac{\sum_{v\in \underline{A}(x_i)}(\mu_{ij})^m v_i}{\sum_{v\in \underline{A}(x_i)}(\mu_{ij})^m} + w_{upper}\frac{\sum_{v\in(\bar{A}(x_i)-\underline{A}(x_i))}(\mu_{ij})^m v_i}{\sum_{v\in(\bar{A}(x_i)-\underline{A}(x_i))}(\mu_{ij})^m},\ \text{if } \bar{A}(x_i)-\underline{A}(x_i)\neq\varnothing$$

5.5.3 “核”粗糙 k-means 算法

假设存在一个非线性的映射 φ：$x\rightarrow\varphi(x)\in F$，其中 $x\in X$，X 代表原数据空间，F 代表高维映射的特征空间（即核空间），其映射函数为 φ。对于 N 维的 n 个向量 v_1，…，v_i，…，v_n，$i=1$，…，n，所形成的的 k 类的 k 个中心为 x_1，…，x_j，…，x_k，$j=1$，…，k。每个点到聚类中心的原空间距离为 $d(x_i, v_i)=\|x_i-v_i\|^2$。假设其相异度的衡量公式为：$\delta_{ij}=\delta_{ij}+c(1-\zeta_{ij})$，则 $\delta(x_i, v_i)=d(x_i, v_i)+c$。$x_i$，$v_i$ 在核空间上的距离则可记为：

$d_{kernel}(x_i, v_i)=\|\varphi(x_i)-\varphi(v_i)\|^2=\varphi(x_i)\varphi(x_i)+\varphi(v_i)\varphi(v_i)-2\varphi(x_i)\varphi(v_i)$。其核函数的形式可记为：$d_{kernel}(x_i, v_i)=K(x_i, x_i)+K(v_i, v_i)-2K(x_i, v_i)$。其中，$K(x, y)=\varphi(x)^T\varphi(y)$。

在核函数的选择中，高斯核函数的映射空间维度为无限的，因此无论输入数据维度如何都可实现线性可分，故在实际应用中多使用高斯核函数。如果选择高斯径向基核函数（Radical Basis Function，RBF），$K(x, y)=e^{\left(-\frac{\|x-y\|^2}{2\sigma^2}\right)}$，$K(x, x)=1$，那么 $\|\varphi(x_j)-\varphi(v_i)\|^2=2(1-K(x_j, v_i))$，即 $\|\varphi(x_j)-\varphi(v_i)\|=\sqrt{2\ (1-K(x_j, v_i))}$。

如果以相异度衡量两点之间的距离的话，则 $K_{dis}(x_j, v_i)=e^{\left(-\frac{\delta(\|v_i-x_j\|^2)}{2\sigma^2}\right)}=e^{\left(-\frac{\delta(v_i,x_j)+c}{2\sigma^2}\right)}=e^{\left(-\frac{d(v_i,x_j)}{2\sigma^2}\right)}/e^{\left(-\frac{c}{2\sigma^2}\right)}$，令 $C=e^{\left(-\frac{c}{2\sigma^2}\right)}$，

则 $K_{dis}(x_j, v_i)=\frac{1}{C}K(x_j, v_i)$，核空间上的相异度为：$\|\varphi(x_j)-\varphi(v_i)\|_{dis}=\sqrt{2(1-\frac{1}{C}K(x_j, v_i))}$。

在得到核空间上的相异度衡量之后，核粗糙 k-means 算法的步骤如下：

输入：

V 为聚类数据集；

k 为聚类中心数；

C 为核函数常数；

W_{upper}、W_{lower} 为上下近似的权重；

Threshhold 为判定上线近似的阈值；

ε 为判定差的极小数。

输出：k 个簇。

Step 1：随机选择 k 个数作为聚类的中心。

Repeat

Step 2：计算每个点 v_i 到每个聚类中心 x_j 在核空间上的相异度。即 $dis_{kernel}(x_j, v_i)=2(1-K_{dis}(x_j, v_i)) = 2\left(1-\frac{1}{C}K(x_j, v_i)\right)$，这里选择高斯核函数 $K(x, y)=e^{\left(-\frac{\|x^a-y^a\|^b}{2\sigma^2}\right)}$，取 $a=1$，$b=2$，则径向基核函数为 $K(x, y)=e^{\left(-\frac{\|x-y\|^2}{2\sigma^2}\right)}$。

Step 3：计算粗糙模糊隶属度。

欧氏空间上的粗糙模糊隶属度计算公式为：

$$\mu_{ij}^m=\left[\sum_{l=1}^{k}\left(\frac{d(x_j, v_i)}{d(x_l, v_i)}\right)^{\frac{1}{m-1}}\right]^{-1}$$

在相异度核空间上的粗糙模糊隶属度为：

$$\mu_{ij}^{m}=\left[\sum_{l=1}^{k}\left(\frac{2\left(1-\frac{1}{C}K(x_j, v_i)\right)}{2\left(1-\frac{1}{C}K(x_j, v_i)\right)}\right)^{\frac{1}{m-1}}\right]^{-1}$$

Step 4：计算聚类中心。

$$x_i = w_{lower}\frac{\sum_{v\in \underline{A}(x_i)}(\mu_{ij})^m v_i}{\sum_{v\in \underline{A}(x_i)}(\mu_{ij})^m}+w_{upper}\frac{\sum_{v\in(\overline{A}(x_i)-\underline{A}(x_i))}(\mu_{ij})^m v_i}{\sum_{v\in(\overline{A}(x_i)-\underline{A}(x_i))}(\mu_{ij})^m}, \text{ if } \overline{A}(x_i)-$$

$\underline{A}(x_i)\neq\varnothing$。以 x_i 为聚类中心的簇的上下近似的判定条件为：

$T(x_i)=\{j:dis_{kernel}(v_j, x_i)/dis_{kernel}(v_j, x_l)\leqslant Threshhold, i\neq j\}$,

其中，$dis_{kernel}(x_j, v_i)=2\left(1-\frac{1}{C}K(x_j, v_i)\right)$，即：

$$T(x_i)=\left\{j:\ 2\left(1-\frac{1}{C}K(x_j, v_i)\right)/2\left(1-\frac{1}{C}K(x_l, v_i)\right)\leqslant Threshhold, i\neq j\right\}$$

其中，x_l 为距离点 v_j 最近的聚类中心，l 为不等于 j 的其他聚类中心。对于集合 $T(x_i)$，可以判定：

(1) $T\neq\varnothing$，$v\in\overline{A}(x_i)$ 且 $v\in\overline{A}(x_j)$，v 不是任何一簇的下近似。

(2) $T=\varnothing$，$v\in\overline{A}(x_i)$ 且 $v\in\underline{A}(x_i)$。

Step 5：对比本次聚类中心与上次循环聚类中心的差是否小于 ε，

if $|x_i^p-x_i^{p-1}|\leqslant\varepsilon$，then 输出各簇，跳出循环。

else 执行 Repeat 后的语句：

end if

5.6 基于"核"降维的知识发现方法研究

5.6.1 基于低维数据的知识发现的制造业改进模型

基于流形学习的决策分析是一种复合算法，能够对低维嵌入进行分析并提取到有效的决策规则。ISOMAP 算法能够有效地降低数据的耦合性，并且能够有效地发现数据的主坐标。与之结合的决策分析算法则应该是对属性值敏感的算法。ISOMAP 与属性值敏感的决策分析算法相结合能够达到分析耦合的高维数据的目的。基于等价支持子集重要度的知识发现算法使用了集合论与粗糙集理论中等价关系、支持度和属性重要度的概念，定义了基于等价支持子集的属性重要度。该算法计算了样本的属性重要度、预测未知样本，并根据支持子集提出改进规则。该算法的核心为：对于决策信息系统，如果某个条件属性值是重要的，那么它对决策属性值的支持度就高，或者该条件属性值的补集对该决策属性值的补集的支持度也高。因此，由上面的直观描述可以刻画条件属性值的区分能力及属性重要度。在定义属性区分能力及重要度之前，先对决策信息系统做定义，记为 U。U 是一个四元组（U，$C\cup\{d\}$，$\{V_a\}_{a\in C\cup\{d\}}$，$R$），$U=\{x_1, \cdots, x_n\}$ 是非空的有限集合，x_i，$i=1, \cdots, n$ 是由条件属性 C 和决策属性 d 组成的 n 个向量数据。$C=\{C_1, \cdots, C_n\}$ 表示非空的条件属性的集合，k 为条件属性的个数，d 表示非空决策属性集合，V_a，$a\in C\cup\{d\}$ 是所有属性值的集合。记 $VC_i=\{1, \cdots, t, \cdots, l\}$ 表示条件属性 C_i 的所有属性值的非空集合，$VC_i=t$ 表示条件属性 C_i 的值为 v_1，…，v_i，…，v_n，$i=1, \cdots, n$，$V_d=\{1, \cdots, r, \cdots, m\}$ 表示所有决策属性值的非空集合。R 表示论域 U 上的等价关系集合。上述的正、补支持度可以定义为：

$$S_{pos}(C_t=tRd=r)=|[x]_{C_t=t}\cap[x]_{d=r}|/|[x]_{C_t=t}|$$

$$S_{com}(C_t=tRd=r)=|[x]_{C_t\neq t}\cap[x]_{d=r}|/|[x]_{C_t\neq t}|$$

由此可计算出每个属性重要度，进而提取出对目标值有用的知识。算法流程如图 5-6 所示。

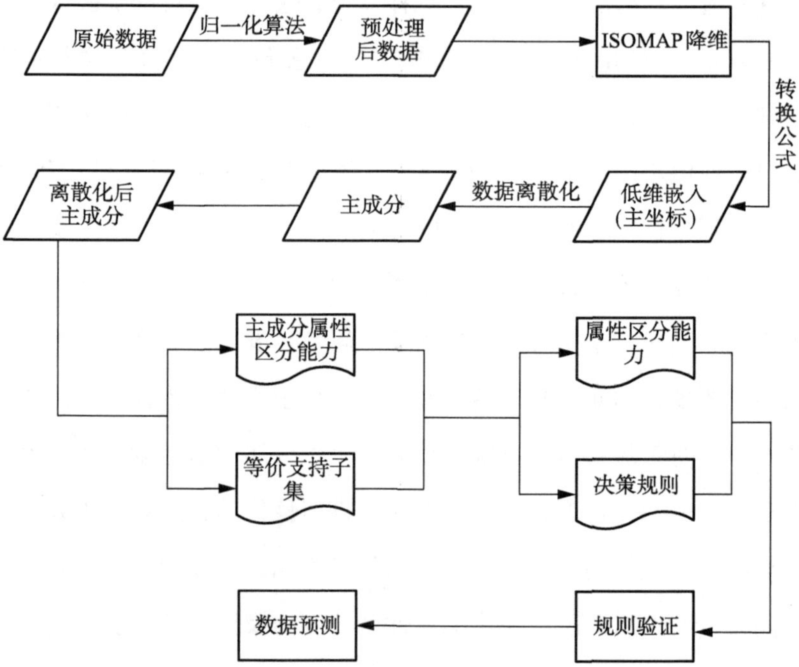

图 5-6 低维决策算法流程

5.6.2 低维数据的数据特征

低维决策方法的目的是解决低维数据上的决策分类，并能够提取决策规则。在决策规则的提取过程中，根据低维数据的特点设计方法流程。低维数据维度较低，数据规模相比原数据有级数上的降低，并且在进行特征提取后数据之间的耦合度大大降低，在这样的数据特点上提出的低维决策分类方法应能够对决策属性值进行较快的离散化，并能够根据数据耦合性低的特点较快地提取决策规则。低维决策方法在决策规则的提取过程中可以不使用启发式方法，从而回避了许多决策不得不面对的 NP 问题，提高了分类效率。

“核”分类方法能够解决大数据问题的基础是将制造业大数据进行降维，在降维后的数据上再进行分类及决策。所有的决策分类都在低维嵌入上进行，由于信息损失的存在，方法的精度会受到影响。因此，低维数据的决策分类精度能够直接反映方法处理低维数据的能力。本书研究的低维决策方法在低维数据上提取的决策规则应能够在高维数据上进行解读，并且决策规则具有较高的分类精确度。

第 6 章

总结与展望

6.1 总结

本书形成的大数据驱动的协同制造机理及支撑技术研究，以复杂产品的协同制造模式为突破，以先进制造关键零部件为对象完成工程应用验证，研发适合先进制造业的大数据支撑方法与工具，其成果可直接应用于各类先进制造业产品的研制和批量生产工作中，如航空、汽车等行业，能够实现生产计划调度与生产资源的动态优化，提高现场发生事件的可见度和设备利用率，提高生产现场突发事件的快速响应能力，提高车间生产效率，实现生产运作的精细化管理，缩短制造周期，将有效促进我国先进制造业的协同化、智慧化和信息化，并有助于达到以下目的：

（1）提高设备利用率；

（2）减少在制品库存；

（3）缩短生产制造周期；

（4）提出大数据协同制造研究方法与工具。

本书研究的先进协同制造机理可在先进制造业产品的研制和批量生产中应用，也可在航天、船舶、汽车、机械、能源、装备制造等行业和部门的复杂机械产品的制造中应用，有助于促进大数据信息化技术对传统制造技术的改造。本书主要研究以下内容：

（1）基于 DOPR 协同的主动制造研究

主动制造能够挖掘系统的显性知识，实现用户隐性知识的集成，如在征集创意产品/服务阶段，基于社会性网络大数据分析计算出广大用户的参与度和贡献度并分配相应的收益，提高用户参与产品研发设计的积极性，形成主动有序的知识创新文化氛围，从而依靠用户的集体智慧提高产品/服务能力。用户在进行个性化的三维模型结构设计时，通过分析产品三维图形和工艺文档等大数据，主动推送情景相关的零部件模型、材料数据信息和相关知识服务等。在进行零件加工时，基于传感器/机器运行实时数据及历史数据分析建模，来预测可能出现的故障，主动地将制造任务转移到其他可用的机器上，并对故障进行预修复。制造企业和客户可以利用 CAD/CAM/PDM/CAE 对产品进行模拟仿真验证，乃至虚拟制造或 3D 快速成型。利用 ERP/智能化/服务化等技术手段，按照合约和产品需求进行面向服务的业务流程的创建与协同，并通过 IoT 等调用和监控相应的物理设备资源，最终得以在物理系统中实现产品的生产，与此同时，在产品生产乃至使用过程中的实时数据（信息）经知识网处理后，会主动地返回给企业人员，用以优化业务和决策。

（2）基于大数据分类的分布式生产计划研究

企业各制造单元的资源配置以及生产线布局各不相同，随着生产现场的动态变化，各单元之间原有的任务分工很容易变得不再均衡，原来的资源配置变得不再合理，再加上各分布式单元之间的信息交流不畅，使得任务的均衡分配难度大大增加，基于大数据的分类能够获取有效的分配知识，生成资源分配准则。基于大数据知识库支持的分布式生产计划技术需要借助动态工艺分工技术，协同整合在制品信息、设备加工能力信息、生产准备信息以及物料供应信息等，并以优化订单、均衡任务、优化配置资源、辅助优化动态工艺分工为目标。

（3）基于任务均衡的制造资源大数据聚类优化配置研究

基于大数据的聚类方法能够将分配方式进行分类与训练，形成分配知识库。对于多任务、多资源的实际生产系统，任务和资源之间存在工艺分工路线、资源能力和任务交货期等多种约束，多任务在同一时刻竞争同一制造资源必然出现资源冲突。因此，如何在满足多约束的条件下，避免和消解资源冲突，实现基于任务均衡的制造资源优化配置是本书研究的难点之一。

6.2 研究展望

提高制造业转型效率的一个可行方法是在具有最大社会影响力的行业的核心问题上进行大规模合作。对协同制造网络的研究已经证明了协同工具在系统制造研究中的价值。同时，扩展范围和扩展协作建模任务也使其成为一项有价值的工作。所有合作企业都必须克服信任和信息披露的问题。在规模较小的平台上对信任进行更深入的了解，将是解决信息和知识共享的第一步。需要通过不同规模的建模来吸引企业到一个共同的协作表中。事实上，确保中小企业加入大企业的行列是至关重要的。

智能制造带来机遇和挑战。最大的挑战可能是接受正在出现的制造业的变化。新一代低成本机器人将支持新一轮工厂自动化。这将创造新的“网络”工作，而不是传统的工作。蓝领工作向白领工作的转变并不新鲜，但每次都是一个挑战。智能工厂的“网络”部分本身就是企业中的企业，需要定义工作描述，并由教育机构培训劳动力。越了解未来的需求，智能企业就会运转得越好。今天的制造业向未来的制造业的转变是一项艰巨的任务。由于市场和技术的不确定性，没有任何一家企业能够独立有效地完成所有的任务。智能制造正在发展，其细节将在未来几年显现。未来制造业的一些特征可以从下面的几个趋势展现出来：

（1）制造数字化。制造业将越来越依赖于数据，这意味着需要收集更多的数据。数据使用的增加已经发生在许多制造业部门。

（2）增加了对建模、优化和模拟的依赖。智能制造中不断增长的数据量将自然地为从数据中传递价值打开大门。数据驱动的建模方法将得到重视，因为它们允许将不同领域的参数集成到模型中，如产品、流程和物流。而这些模型很难用传统方法构建，如数学编程。动态预测模型在智能制造中将会频繁出现，虚拟、增强现实和预测模型将成为常规结构。

（3）物质—产品—过程现象。同时开发新材料、新工艺和新产品的实例数量将会增加。过去的一些创新是在新材料和新工艺同时产生的情况下进行的。在未来，材料、工艺和产品的发展很可能会带来创新，例如，3D 打印零件的设计将结合新材料和工艺进行优化。

（4）物理资产与网络空间的垂直可分性。在许多智能企业中，物理层和物流层的设计都是为了方便快捷地相互连接和分离。垂直可修复性将在很大程度上归因于物理资产重新配置的需要。其原理是不断增长的配置和重新配置物理资产的需求，以更好地支持不断扩展的数字化和标准化所支持的不断变化的产品需求，这将导致新的系统架构。新的架构将以企业实体层和网络层的垂直可分离性为特征。

（5）更高水平的连接性和互操作性。提升智能制造企业的横向内外部互联互通和互操作性。这将由重新配置企业内部和不同企业之间的物理和物流资产的需求所驱动。标准化将在这两个层次中起到促进作用。在现代企业中，不断增长的数据量和数据流速度自然会导致采用支持更大水平连接并兼容数据流的系统的互操作性解决方案的出现。

（6）资源共享。跨制造链共享制造和运输资源将成为普遍做法。智能企业前所未有的水平连通性结合市场动态，将促进制造设备、交通和其他资源的共享。制造设备的创新可以从资源共享中受益，因为企业可能会基于共享的明确假设购买设备。

（7）设备监控、诊断、维修自主化。设备故障诊断与预测将成为智能制造领域的常规工作。在某些情况下，可能会发生自主修复。防止故障的发生和对未来故障的预测将成为一种普遍的做法，这些设备中的诊断模型能够通过获取的数据监控系统健康状态。

（8）标准化和协作。标准的协作开发可能会自然地出现，以满足企业集成和互联的新需求。对数据、资源共享的日益依赖，以及对垂直分离性、水平连接性和互操作性的需求，将推动标准化和协作的需求。

参考文献

[1] Hofmann E., Rüsch, Marco. Industry 4.0 and the current status as well as future prospects on logistics [J]. Computers in Industry, 2017, 89: 23-34.

[2] T. Wagner, C. Herrmann, S. Thiede. Industry 4.0 impacts on lean production systems [C]. Procedia CIRP 63, 2017: 125-131.

[3] Y. Lu. Industry 4.0: A survey on technologies, applications and open research issues [J]. J. Ind. Information Integr, 2017, 6: 1-10.

[4] Grieco A., Caricato P. and Gianfreda D., et al. An industry 4.0 case study in fashion manufacturing [J]. Procedia Manufacturing, 2017, 11: 871-877.

[5] M. Peruzzini, F. Grandi and M. Pellicciari. Benchmarking of tools for user experience analysis in industry 4.0 [J]. Procedia Manuf, 2017, 11: 806-813.

[6] Aena F., Guarin A. and Mora J., et al. Learning factory: The path to industry 4.0 [J]. Procedia Manufacturing, 2017, 9: 73-80.

[7] Alessio Botta, Walter de Donato and Valerio Persico, et al. Integration of cloud computing and internet of things: Asurvey [J]. Future Generation Computer Systems, 2016, 56: 684-700.

[8] Chen M. , Mao S. , Liu Y. Big Data: A survey [J]. Mobile Networks & Applications, 2014, 19 (2): 171-209.

[9] Kankanhalli A. , Hahn J. and Tan S. , et al. Big data and analytics in healthcare: Introduction to the special section [J]. Information Systems Frontiers, 2016, 18 (2): 233-235.

[10] Bill Schmarzo. Big Data: Understanding how data powers big business [M]. John Wiley and Sons Ltd, 2013.

[11] Stoianov, Nikolai, Uruena, Manuel and Niemiec, Marcin, et al. Integrated security infrastructures for law enforcementagencies [J]. Multimedia Tools and Applications, 2013, 74 (12): 4453-4468.

[12] B. M. Purcell. Big Data using cloud computing [R]. Holy Family Univ. J. Technol. Res, 2013.

[13] Philip Chen C. L. , Zhang C. Y. Data-intensive applications, challenges, techniques and technologies: A survey on Big Data [J]. Information Sciences, 2014, 275 (11): 314-347.

[14] Mcafee A. , Brynjolfsson E. Big Data: The management revolution [J]. Harvard Business Review, 2012, 90 (10): 60-68, 128.

[15] Singh S. , Singh N. Big Data analytics [C] . International Conference on Communication, IEEE, 2012: 695-716.

[16] Kune R. , Konugurthi P. K. and Agarwal A. , et al. The anatomy of Big Data computing [J]. Software: Practice and Experience, 2016, 46 (1): 79-105.

[17] Emani C. K. , Cullot N. and Nicolle C. Understandable Big Data: A survey [J]. Computer Science Review, 2015, 17: 70-81.

[18] Gandomi A. , Haider M. Beyond the hype: Big Data concepts,

methods, and analytics [J]. International Journal of Information Management, 2015, 35 (2): 137-144.

[19] Groumpos P. P. The challenge of Intelligent Manufacturing Systems (IMS): The European IMS information event [J]. Journal of Intelligent Manufacturing, 1995, 6 (1): 67-77.

[20] Kusiak A. Put innovation science at the heart of discovery [J]. Nature, 2016, 530 (7590): 255.

[21] Kusiak A. Smart manufacturing must embrace Big Data [J]. Nature, 2017, 544 (7648): 23-25.

[22] Wolf, W. Cyber - physical systems [J]. Computer, 2009, 42 (3): 88-89.

[23] Kim K. D., Kumar P. R. Cyber-Physical Systems: A perspective at the centennial [J]. Proceedings of the IEEE, 2012 (100): 1287-1308.

[24] Facchinetti T., Vedova M. L. D. Real-time modeling for direct load control in cyber-physical power systems [J]. IEEE Transactions on Industrial Informatics, 2011, 7 (4): 689-698.

[25] Saber A., Kumar G. Efficient utilization of renewable energy sources by gridable vehicles in cyber-physical energy systems [J]. IEEE Systems Journal, 2010, 4 (3): 285-294.

[26] Lee E. A. Cyber physical systems: Design challenges [A] // Object Oriented Real-Time Distributed Computing (ISORC) [C]. 2008 11th IEEE International Symposium on. IEEE, 2008.

[27] Kang W. RDDS: A real-time data distribution service for cyber physical systems [J]. IEEE Transactions on Industrial Informatics, 2012, 8 (2): 393-405.

[28] Wang L. C., Lin S. K. A multi-agent based agile manufacturing planning and control system [J]. Computers & Industrial Engineering, 2009, 57 (2): 620-640.

[29] Jeff Kramer, Jeff Magee. Self-Managed systems: An architectural challenge [M]. 2007.

[30] Wolf, W. Cyber-physical systems [J]. Computer, 2009, 42 (3): 88-89.

[31] Vyatkin V. Software engineering in industrial automation: State-of-the-artreview [J]. IEEE Transactions on Industrial Informatics, 2013, 9 (3): 1234-1249.

[32] Crane Brinton. Models, abstractions and architectures: The missing links in cyber-physical systems [C]. Conference: Design Automation Conference, 2015.

[33] Thramboulidis K., Bochalis P. and Bouloumpasis, J. A framework for mde of iot-based manufacturing cyber-physical systems [C]. In Proceedings of the Seventh International Conference on the Internet of Things, 2017: 1-8.

[34] Ringert J. O., Roth A. and Rumpe B., et al. Code generator composition for model-driven engineering of robotics component & connector systems [J]. Computer Science, 2015, 13 (19): 1-12.

[35] Ciccozzi, Federico, Spalazzese and Romina. MDE4IoT: Supporting the internet of things with model-driven engineering [C]. International Symposium on Intelligent & Distributed Computing, Springer International Publishing, 2016.

[36] Hehenberger P., Vogel-Heuser B. and Bradley D., et al. Design,

modelling, simulation and integration of cyber physical systems: Methods and applications [J]. Computers in Industry, 2016, 82 (C): 273-289.

[37] Dai W., Dubinin V. N. and Christensen J. H., et al. Toward self-manageable and adaptive industrial cyber-physical systems with knowledge-driven autonomic service management [J]. IEEE Transactions on Industrial Informatics, 2016, 13 (2): 1.

[38] Reinhart G., Krug S. and Huttner S., et al. Automatic configuration (Plug & Produce) of industrial ethernet networks [C]. IEEE/IAS International Conference on Industry Applications, IEEE, 2010.

[39] Juliane Fischer, Birgit Vogel-Heuser and David Friedrich. Configuration of PLC software for automated warehouses based on reusable components-an industrial case study [C]. Emerging Technologies & Factory Automation, IEEE, 2015.

[40] Vicaire P. A., Hoque E. and Xie Z., et al. Bundle: A group-based programming abstraction for cyber-physical systems [J]. IEEE Transactions on Industrial Informatics, 2012, 8 (2): 379-392.

[41] Christoph Legat, Steffen Lamparter and Birgit Vogel Heuser. Knowledge based technologies for future factory engineering and control [J]. 2013, 472: 355-374.

[42] Gruber, T. R. A translation approach to portable ontology specifications [J]. Knowledge Acquisition, 1993, 5 (2): 199-220.

[43] Gonzalez E. J., Hamilton A. F. and Moreno L., et al. Software experience when using ontologies in a multi-agent system for automated planning and scheduling [J]. Software, 2006, 36 (7): 667-688.

[44] Negri E., Fumagalli L. and Garetti M., et al. Requirements and

languages for the semantic representation of manufacturing systems [J]. Computers in Industry, 2016, 81, 55-66.

[45] Zander S., Ahmed N. and Hua Y. Empowering the model-driven engineering of robotic applications using ontological semantics and reasoning [C]. 8th International Joint Conference on Knowledge Discovery, Knowledge Engineering and Knowledge Management, Porto, Portugal, In Keod, 2016.

[46] Ramis B., Iarovyi S. and Lobov A., et al. Potentials of web standards for automation control in manufacturing systems [C]. 2015 IEEE European Modelling Symposium, 2015.

[47] Li B. H., Zhang L. and Wang S. L., et al. Cloud manufacturing: A new service - oriented networked manufacturing model [J]. Jisuanji Jicheng Zhizao Xitong/Computer Integrated Manufacturing Systems, CIMS, 2010, 16 (1): 1-7, 16.

[48] Goldhar J. D., Jelinek M. Manufacturing as a service business: CIM in the 21st century [J]. Computers in Industry, 1990, 14 (1-3): 225-245.

[49] Wu L., Yang C. A solution of manufacturing resources sharing in cloud computing environment [C]. Cooperative Design, Visualization, Engineering-international Conference, Cdve, Calvia, Mallorca, Spain, September, Springer-Verlag, 2010.

[50] Bohu L., Lin Z. and Xudong C. Introduction to cloud manufacturing [J]. ZhongXing Technology, 2010 (4): 6-9.

[51] Xu X. From cloud computing to cloud manufacturing [J]. Robotics & Computer Integrated Manufacturing, 2012, 28 (1): 75-86.

[52] Tao F., Zhang L. and Venkatesh V. C., et al. Cloud manufacturing:

A computing and service-oriented manufacturing model [J]. Proceedings of the Institution of Mechanical Engineers, Part B: Journal of Engineering Manufacture, 2011, 225 (10): 1969-1976.

[53] A. S. Manne. On the job-Shop scheduling problem [J]. Operation Research, 1960, 8 (2): 219-223.

[54] G. Laporte, J. J. Salazar-GonzÁ. and Lez, F. Semet. Exact algorithms for the job sequencing and tool switching problem [J]. IIE Trans., 2004, 36 (1): 37-45.

[55] Asokan P., Jerald J. and Arunachalam, et al. Application of adaptive genetic algorithm and particle swarm optimisation in scheduling of jobs and AS/RS in FMS [J]. Int J Manuf Res., 3 (4): 393-405.

[56] Khoshnevis B., Chen Q. M. Integration of process planning and scheduling functions [J]. Journal of Intelligent Manufacturing, 1991, 2 (3): 165-175.

[57] Q. Chen, B. Khoshnevis. Scheduling with flexible process plans [J]. Prod Plann Control, 1993, 4 (4): 333-343.

[58] Tan W., Khoshnevis B. Integration of process planning and scheduling—A review [J]. Journal of Intelligent Manufacturing, 2000, 11 (1): 51-63.

[59] Mohapatra P., Nayak A. and Kumar S. K., et al. Multi-objective process planning and scheduling using controlled elitist non-dominated sorting genetic algorithm [J]. International Journal of Production Research, 2015, 53 (6): 1712-1735.

[60] Freitag M., Hildebrandt T. Automatic design of scheduling rules for complex manufacturing systems by multi-objective simulation-based optimization

[J]. Cirp Annals Manufacturing Technology, 2016, 65 (1): 433-436.

[61] Li X., Gao L. and Zhang C., et al. A review on integrated process planning and scheduling [J]. International Journal of Manufacturing Research, 2010, 5 (2): 161-180.

[62] Rajkumar M., Asokan P. and Page T., et al. A GRASP algorithm for the integration of process planning and scheduling in a flexible job-shop [J]. International Journal of Manufacturing Research, 2010, 5 (2): 230.

[63] Gahm C., Denz F. and Dirr M., et al. Energy-efficient scheduling in manufacturing companies: A review and research framework [J]. European Journal of Operational Research, 2016, 248 (3): 744-757.

[64] Shen W., Wang L. and Hao Q. Agent-based distributed manufacturing process planning and scheduling: A state-of-the-art survey [J]. IEEE Transactions on Systems, Man and Cybernetics. Part C, Applications and reviews, 2006, 36 (4): 563-577.

[65] Wang L., Hao Q. and Shen W. A novel function block based integration approach to process planning and scheduling with execution control [J]. International Journal of Manufacturing Technology & Management, 2007, 11 (2): 228-250.

[66] Khodke P. M., Bhongade A. S. Real-time scheduling in manufacturing system with machining and assembly operations: A state of art [J]. International Journal of Production Research, 2013, 51 (15-16): 4966-4978.

[67] Vieira G. E., Herrmann J. W. and Lin E. Rescheduling manufacturing systems: A framework of strategies, policies, and methods [J]. Journal of Scheduling, 2003, 6 (1): 39-62.

[68] Zhong R. Y., Xu C. A job-shop scheduling model with real-time

feedback for physical internet-based manufacturing shopfloor [C]. IEEE Intl Conf on Ubiquitous Intelligence & Computing & IEEE Intl Conf on Autonomic & Trusted Computing & IEEE Intl Conf on Scalable Computing & Communications & Its Associated Workshops, IEEE, 2015: 638-641.

[69] Ham M., Lee Y. H. and Kim S. H. Real-time scheduling of multi-stage flexible job shop floor [J]. International Journal of Production Research, 2011, 49 (12-13): 3715-3730.

[70] K. Iwamura, N. Okubo and Y. Tanimizu, et al. Real-time scheduling for holonic manufacturing systems based on estimation of future status [J]. Int J Prod Res, 2006, 44 (18-19): 3657-3675.

[71] Wang C., Ghenniwa H. and Shen W. Real time distributed shop floor scheduling using an agent-based service-oriented architecture [J]. International Journal of Production Research, 2008, 46 (9): 2433-2452.

[72] Yih Y., Thesen A. Semi-Markov decision models for real-time scheduling [J]. International Journal of Production Research, 1991, 29 (11): 2331-2346.

[73] R. Zhou, H. P. Lee and A. Y. C. Nee. Applying ant colony optimisation (Aco) algorithm to dynamic job shop scheduling problems [J]. Int J Manuf Res, 2008, 3 (3): 301-320.

[74] Metan Gokhan, Sabuncuoglu Ihsan and Pierreval Henri. Real time selection of scheduling rules and knowledge extraction via dynamically controlled datamining [J]. International Journal of Production Research, 48 (23): 6909-6938.

[75] Jain V.K., Premalatha S. and Baskar N. Implementation of supervised statistical data mining algorithm for single machine scheduling [J].

Journal of Advances in Management Research, 2012, 9 (2): 170-177.

[76] Kohn W., Brayman V. and Littleton J. Repair-control of enterprise systems using RFID sensory data [J]. Iie Transactions, 2005, 37 (4): 281-290.

[77] T. Qu, H. D. Yang and G. Q. Huang, et al. A case of implementing RFID-Based real-time shop-floor material management for household electrical appliance manufacturers [J]. J Intell Manuf, 2012, 23 (6): 2343-2356.

[78] Y. Zhang, P. Jiang, G. Huang. RFID-Based smart kanbans for just-in-time manufacturing [J]. Int J Mater Prod Technol, 2008, 33 (1-2): 170-184.

[79] Choudhary A. K., Harding J. A. and Tiwari M. K. Data mining in manufacturing: A review based on the kind of knowledge [J]. Journal of Intelligent Manufacturing, 2009, 20 (5): 501-521.

[80] Koksal G., Batmaz I. and Testik M. C. A review of data mining applications for quality improvement in manufacturing industry [J]. Expert Systems with Application, 2011, 38 (10): 13448-13467.

[81] Mavridou E., Kehagias D. D. and Tzovaras D., et al. Mining affective needs of automotive industry customers for building a mass-customization recommender system [J]. Journal of Intelligent Manufacturing, 2011, 24 (2): 251-265.

[82] Zhang Y., Ren S. and Liu Y., et al. A Big Data analytics architecture for cleaner manufacturing and maintenance processes of complex products [J]. Journal of Cleaner Production, 2017, 142 (PT. 2): 626-641.

[83] S. Chen, C. H. Cheng and C. J. Lai. Extracting performance rules of suppliers in the manufacturing industry: An empirical study [J]. J Intell

Manuf, 2011, 23 (5): 2037-2045.

[84] R. Y. Zhong, S. T. Newman and G. Q. Huang, et al. Big Data for supply chain management in the service and manufacturing sectors: Challenges, opportunities, and future perspectives [J]. Comput Ind Eng, 2016 (101): 572-591.

[85] Babiceanu R. F., Seker R. Big Data and virtualization for manufacturing cyber-physical systems: A survey of the current status and future outlook [J]. Computers in Industry, 2016 (81): 128-137.

[86] Zhong R. Y., Huang G. Q. and Lan S., et al. A Big Data approach for logistics trajectory discovery from RFID-enabled production data [J]. International Journal of Production Economics, 2015 (165): 260-272.

[87] J. Woo, S. J. Shin and W. Seo. Developing a Big Data analytics platform for increasing sustainability performance in machining operations [J]. Proc. of Flexible Automation and Intelligent Manufacturing, 2016: 1-8.

[88] K. Butner. The smarter supply chain of the future [J]. Strategy Leadersh, 2010, 38 (1): 22-31.

[89] D. Biskup. A state of the art review on scheduling with learning effects [J]. European Journal of Operational Research, 2018, 188 (2): 315-329.

[90] E. Hart, P. Ross, D. Corne. Evolutionary scheduling: A review [J]. Genet. Prog. Evolvable Mach, 2005 (2): 191-220.

[91] C. Koulamas. The single machine total tardiness scheduling problem: Review and extensions [J]. Eur. J. Oper. Res., 2010, 202 (1): 1-7.

[92] S. S. Panwalkar, M. L. Smith and C. Koulamas. Review of the ordered and proportionate flow shop scheduling research [J]. Naval

Res. Logist, 2013, 60 (1): 46-55.

[93] L. Y. Wang, J. B. Wang and W. J. Gao, et al. Two single-machine scheduling problems with the effects of deterioration and learning [J]. Int. J. Adv. Manuf. Technol., 2010, 46 (5-8): 715-720.

[94] Eva Vallada, Rubén Ruiz. A genetic algorithm for the unrelated parallel machine scheduling problem with sequence dependent setup times [J]. European Journal of Operational Research, 2011, 211 (3): 612-622.

[95] Hsu, Chou-Jung, Ji, Min, Guo and Jia-Yuarn, et al. Unrelated parallel-machine scheduling problems with aging effects and deteriorating maintenance activities [J]. Information Sciences, 253 (Complete): 163-169.

[96] M. X. Weng, H. Y. Ren. An efficient priority rule for scheduling job shops to minimize mean tardiness [J]. IIE Trans., 2006, 38 (9): 789-795.

[97] Xing L. N., Chen Y. W. and Wang P., et al. A knowledge-based ant colony optimization for flexible job shop scheduling problems [J]. Applied Soft Computing, 2010, 10 (3): 888-896.

[98] Guo Z. X., Wong W. K. and Leung S. Y. S. A hybrid intelligent model for order allocation planning in make-to-order manufacturing [J]. Applied Soft Computing, 2013, 13 (3): 1376-1390.

[99] Guo Z. X., Wong W. K. and Li Z., et al. Modeling and Pareto optimization of multi-objective order scheduling problems in production planning [J]. Computers & Industrial Engineering, 2013, 64 (4): 972-986.

[100] Emma Hart, Peter Ross and David Corne. Evolutionary scheduling: A review [J]. Genetic Programming & Evolvable Machines, 6 (2): 191-220.

[101] Liu F., Liu J., and Lei Q. The connotation and research devel-

opment trend of networked manufacturing [C]. In Proceedings of China Mechanical Engineering Annual Conference, Beijing, China, 2002: 22-27.

[102] Rezaeian J., Javadian N. and Tavakkoli Moghaddam, et al. A hybrid approach based on the genetic algorithm and neural network to design an incremental cellular manufacturing system [J]. Applied Soft Computing, 2011, 11 (6): 4195-4202.

[103] Li X. Y., Chaoyong Z. An agent-based approach for integrated process planning and scheduling [J]. Expert Systems with Applications, 2010, 37, 1256-1264.

[104] Wang Y., Zhang Y. and Fuh J., et al. A web-based integrated process planning and scheduling system [C]. In 4th IEEE Conference on Automation Science and Engineering, in Proceedings, Washington DC, USA, 2008: 662-667.

[105] Grabowik C., Kalinowski K., and Monica Z. Integration of the CAD/CAPP/PPC systems [J]. Journal of Materials Processing Technology, 2005, 164, 1358-1368.

[106] Varela, M. R. L., Trojanowska J. and Carmo-Silva S., et al. Comparative simulation study of production scheduling in the hybrid and the parallel flow [J]. Management and Production Engineering Review, 2017, 8 (2): 69-80.

[107] Justyna Trojanowska, Maria Leonilde Rocha Varela, Jose Machado. The tool supporting decision making process in area of job-shop scheduling [C]. Recent Advances in Information Systems and Technologies, World CIST, 2017.

[108] Chryssolouris G., Chan S. and Cobb W. Decision making on the

factory floor: An integrated approach to process planning and scheduling [J]. Robotics and Computer-Integrated Manufacturing, 1984, 1 (3-4): 413-417.

[109] Chryssolouris G., Chan S. An integrated approach to process planning and scheduling [J]. Annals of the CIRP, 1985, 34 (1): 413-417.

[110] Sundaram R. M., Fu S. -S. Process planning and scheduling—A method of integration for productivity improvement [J]. Computers & Industrial Engineering, 1998, 15 (1-4): 296-301.

[111] Seethaler R. J., Yellowley I. Process control and dynamic process planning [J]. International Journal of Machine Tools and Manufacture, 2000, 40 (2): 239-257.

[112] Wang L. H., Shen W. M. DPP: An agent-based approach for distributed process planning [J]. Journal of Intelligent Manufacturing, 2003 (14): 429-439.

[113] Cai Ningxu, Wang Lihui and Feng Hsi-Yung. GA-based adaptive setup planning toward process planning and scheduling integration [J]. International Journal of Production Research, 2009, 47 (10): 2745-2766.

[114] Wong T. N., Leung C. W. Dynamic shop floor scheduling in mult i-agent manufacturing system [J]. Expert Systems with Applications, 2006 (31): 486-494.

[115] Shafaei R., Brunn, P. Workshop scheduling using practical (inaccurate) data Part 3: A framework to integrate job releasing, routing and scheduling functions to create a robust predictive schedule [J]. International Journal of Production Research, 2000, 38 (1): 85-99.

[116] Lee H., Kim S. S. Integration of process planning and

scheduling using simulation based genetic algorithms [J]. International Journal of Advanced Manufacturing Technology, 2001 (18): 586-590.

[117] Kumar M., Rajotia S. Integration of scheduling with computer aided process planning [J]. Journal of Materials Processing Technology, 2003 (138): 297-300.

[118] Kumar, Manish, Rajotia, Sunil. Integration of process planning and scheduling in a job shop environment [J]. The International Journal of Advanced Manufacturing Technology, 2006, 28 (1): 109-116.

[119] Zhou J., and Dieng-Kuntz R. Manufacturing ontology analysis and design: Towards excellent manufacturing [C]. In 2004 2nd IEEE international conference on industrial informatics, 2004.

[120] Zhao F., Zhu A. and Yu D. A hybrid Particle Swarm Optimization (PSO) algorithm schemes for integrated process planning and production scheduling [C]. In 6th World Congress on Intelligent Control and Automation, in Proceedings, 2006: 21-23.

[121] Li X., Gao L., Zhang G. Zhang, C. and Shao X. A genetic algorithm for integration of process planning and scheduling problem [J]. Lecture Notes in Artificial Intelligence, 2008 (5315): 495-502.

[122] Li X., et al. An effective hybrid algorithm for integrated process planning and scheduling [J]. International Journal of Production Economics, 2010, 126 (2): 289-298.

[123] Moon I., Lee S. and Bae H. Genetic algorithms for job shop scheduling problems with alternative routings [J]. International Journal of Production Research, 2008, 46 (10): 2695-2705.

[124] Haddadzade M., Razfar M. R. and Farahnakian M. In-tegrating

process planning and scheduling for prismatic parts regard to due date [J]. World Academy of Science, Engineering and Technology, 2009 (51): 64-67.

[125] Baykasoglu A., Ozbakir L. A grammatical optimization approach for integrated process planning and scheduling [J]. Journal of Intelligent Manufacturing, 2009, 20 (2): 211-221.

[126] Rajkumar M., et al. A GRASP algorithm for the integration of process planning and scheduling in a flexible job-shop [J]. International Journal of Manufacturing Research, 2010, 5 (2): 230-251.

[127] Nakandala D., Premaratne S. and Lau H. C. W. A fuzz y-based decision support model for monitoring on-time delivery performance: A textile industry case study [J]. European Journal of Operational Research, 2013, 225 (3): 507-517.

[128] Graves S. C. A review of production scheduling [J]. Operations Research, 1981, 29 (4): 646-675.

[129] Floudas C. A., Lin, X. Continuous-time versus discrete-time approaches for scheduling of chemical processes: A review [J]. Computers & Chemical Engineering, 2004, 28 (11): 2109-2129.

[130] Floudas C. A., Lin X. Mixed integer linear programming in process scheduling: Modeling, algorithms, and applications [J]. Annals of Operations Research, 2005, 139 (1): 131-162.

[131] Lin L, Hao X. C., Gen M., et al. Network modeling and evolutionary optimization for scheduling in manufacturing [C]. Journal of Intelligent Manufacturing, 2012, 23 (6): 2237-2253.

[132] Ju Q. Y. Planning and scheduling optimization of job-shop in intelligent manufacturing system [C]. Doctoral Dissertation of Nanjing Univer-

sity of Aeronautics and Astronautics, Nanjing, China, 2007: 1-97.

[133] Çaliş B., Bulkan S. A research survey: Review of AI solution strategies of job shop scheduling problem [J]. Journal of Intelligent Manufacturing, 2015, 26 (5): 961-973.

[134] Simon Y. P., Takefuji Y. Stochastic neural networks for solving job-shop scheduling. I. Problem representation [C]. IEEE 1988 International Conference on Neural Networks, 1988: 24-27.

[135] Akyol D. E., Bayhan G. M. A review on evolution of production scheduling with neural networks [J]. Computers & Industrial Engineering, 2007, 53 (1): 95-122.

[136] Fnaiech N., Hammami H., Yahyaoui A., et al. New hopfield neural network for joint job shop scheduling of production and maintenance [C]. IECON 2012-38th Annual Conference on IEEE Industrial Electronics Society, IEEE, 2012.

[137] Fausett L. V. Pearson. Fundamentals of neural networks: Architectures, algorithms and applications (united states edition) [M]. 1994.

[138] Kartam N., Tongthong T. An artificial neural network for resource leveling problems [J]. Artificial Intelligence for Engineering Design Analysis & Manufacturing, 1998, 12 (3): 273-287.

[139] Min H. S., Yih Y. Selection of dispatching rules on multiple dispatching decision points in real-time scheduling of a semiconductor wafer fabrication system [J]. International Journal of Production Research, 2003, 41 (16): 3921-3941.

[140] Van Dyke Parunak H., Irish and B. W. Kindrick, et al. Fractal actors for distributed manufacturing control. In Second conference on artificial

intelligence applications: The engineering of knowledge-based systems [C]. Miami Beach, FL, USA, 1985: 653-660.

[141] Chen Y. Y., Fu L. C., Chen Y. C. Multi-agent based dynamic scheduling for a flexible assembly system [C]. IEEE International Conference on Robotics & Automation, IEEE, 1998.

[142] Pesch E., Tetzlaff U. A. W. Constraint propagation based scheduling of job shops [M]. INFORMS, 1996.

[143] Sadeh N., Fox M. S. Variable and value ordering heuristics for the job shop scheduling constraint satisfaction problem [J]. Artificial Intelligence, 1996, 86 (1): 1-41.

[144] Roman Barták, Salido M. A. and Rossi F. Constraint satisfaction techniques in planning and scheduling [J]. Journal of Intelligent Manufacturing, 2010, 21 (1): 5-15.

[145] Adibi M. A., Zandieh M. and Amiri M. Multi-objective scheduling of dynamic job shop using variable neighborhood search [J]. Expert Systems with Applications, 2010, 37 (1): 282-287.

[146] Xanthopoulos A. S., Koulouriotis D. E. Cluster analysis and neural network-based metamodeling of priority rules for dynamic sequencing [J]. Journal of Intelligent Manufacturing, 2018, 29 (1): 69-91.

[147] Wang C., Jiang P. Manifold learning based rescheduling decision mechanism for recessive disturbances in RFID-driven job shops [J]. Journal of Intelligent Manufacturing, 2016: 1-16.

[148] Drath, Rainer, Horch, Alexander. Industrie 4.0: Hit or hype? [Industry Forum] [J]. IEEE Industrial Electronics Magazine, 2014, 8 (2): 56-58.

[149] Lasi H. , Fettke P. and Kemper H. , et al. Industry 4.0 [J]. Business & Information Systems Engineering, 2014, 6 (4): 239-242.

[150] Davis J. , T. Edgar and J. Porter, et al. Smart manufacturing, manufacturing intelligence and demand - dynamic performance [J]. Computers & Chemical Engineering, 2012, 47 (20): 145-156.

[151] Kang H. S. , J. Y. Lee and S. S. Choi, et al. Smart manufacturing: Past research, present findings, and future directions [J]. International Journal of Precision Engineering and Manufacturing-Green Technology, 2016, 3 (1): 111-128.

[152] Ray Y. Zhong, Q. Y. Dai and T. Qu , et al. RFID-enabled real -time manufacturing execution system for mass-customizationproduction [J]. Robotics & Computer Integrated Manufacturing, 2013, 29 (2): 283-292.

[153] Strozzi, Fernanda, Colicchia, Claudia and Creazza, Alessandro, et al. Literature review on the "Smart Factory" concept using bibliometric tools [J]. International Journal of Production Research, 2017, 55 (21 - 22): 6572-6591.

[154] Ferreira, Luís, Putnik, Goran and Cunha, Manuela, et al. Cloudlet architecture for dashboard in cloud and ubiquitous manufacturing [J]. Procedia Cirp, 2013 (12): 366-371.

[155] Toly Chen, Horng-Ren Tsai. Ubiquitous manufacturing: Current practices, challenges, and opportunities [J]. 2017, 45 (6): 126-132.

[156] Xun Xu. From cloud computing to cloudmanufacturing [J]. Robotics & Computer Integrated Manufacturing, 2012, 28 (1): 75-86.

[157] Tao F. , Cheng Y. , Xu L. D. , et al. CCIoT-CMfg: Cloud computing and internet of things-based cloud manufacturing service system [J]. IEEE

Transactions on Industrial Informatics, 2014, 10 (2): 1435-1442.

[158] Qu T., Lei, S. P. and Wang, Z. Z., et al. IoT-based real-time production logistics synchronization system under smart cloud manufacturing [J]. International Journal of Advanced Manufacturing Technology, 2016, 84 (1-4): 147-164.

[159] Ross A. M., Rhodes D. H., Hastings D. E. Defining changeability: Reconciling flexibility, adaptability, scalability, modifiability, and robustness for maintaining system lifecycle value [J]. Systems Engineering, 2008, 11 (3): 246-262.

[160] Guido Huettemann, Christian Gaffry, Robert H. Schmitt. Adaptation of reconfigurable manufacturing systems for industrial assembly-review of flexibility paradigms, concepts, and outlook [J]. Procedia Cirp, 2016 (52): 112-117.

[161] Ferrin B. G. and R. E. Plank. Total cost of ownership models: An exploratory study [J]. The Journal of Supply Chain Management, 2002, 38 (3): 18-29.

[162] Murar M. and S. Brad. Control architecture for plug-and-play intelligent axes within fast reconfigurable manufacturing equipments [C]. The 23rd CIRP Design Conference, Bochum, Germany, Smart Product Engineering, Lecture Notes in Production Engineering, Springer, 2013: 159-168.

[163] Schuh G., J. Arnoscht and M. Völker. Product design leverage on the changeability of production systems [J]. Procedia CIRP, 2012 (3): 305-310.

[164] Harrison Robert, Vera Daniel, Ahmad Bilal. Engineering the smart factory [J]. Chinese Journal of Mechanical Engineering, 2016, 29

(6): 11-16.

[165] Ann-Louise Andersen, Thomas Ditlev Brunoe and Kjeld Nielsen, et al. Towards a generic design method for reconfigurable manufacturing systems—Analysis and synthesis of current design methods and evaluation of supportive tools [J]. Journal of Manufacturing Systems, 2017 (42): 179-195.

[166] Shariatzadeh N., T. Lundholm and L. Lindberg, et al. Integration of digital factory with smart factory based on internet of things [J]. Procedia CIRP, 2016 (50): 512-517.

[167] Hermann M., T. Pentek and B. Otto. Design principles for industrie 4.0 scenarios [C]. In 49th Hawaii International Conference on System Sciences, 2016: 3928-3937.

[168] Alexopoulos K., S. Makris, V. Xanthakis, K. Sipsas and G. Chryssolouris. A concept for context-aware computing in manufacturing: The white goods case [J]. International Journal of Computer Integrated Manufacturing, 2016 (29): 839-849.

[169] Lasi H., Fettke P., Kemper H. G., et al. Industry 4.0 [J]. Business & Information Systems Engineering, 2014, 6 (4): 239-242.

[170] Paulo Leitão, Karnouskos S. and Ribeiro L., et al. Smart agents in industrial cyber-physical systems [J]. Proceedings of the IEEE, 2016, 104 (5): 1086-1101.

[171] Lee J., Bagheri B., Kao H. A. A cyber-physical systems architecture for Industry 4.0-based manufacturing systems [J]. Manufacturing Letters, 2015 (3): 18-23.

[172] Yao, Xifan, Zhang, et al. Towards flexible RFID event-driven integrated manufacturing for make-to-order production [J]. International

Journal of Computer Integrated Manufacturing, 2018.

[173] Mourtzis D., Vlachou E. and Xanthopoulos N., et al. Cloud-based adaptive process planning considering availability and capabilities of machine tools [J]. Journal of Manufacturing Systems, 2016 (39): 1-8.

[174] Theorin A., Bengtsson K., Provost J., et al. An event-driven manufacturing information system architecture for Industry 4.0 [J]. International Journal of Production Research, 2016: 1-15.

[175] Li S., Xu L. D., Zhao S. The internet of things: A survey [J]. Information Systems Frontiers, 2015, 17 (2): 243-259.

[176] Muhammad Intizar Ali, Naomi Ono and Mahedi Kaysar, et al. A semantic processing framework for IoT-enabled communication systems [A] // The Semantic Web-ISWC 2015 [M]. Springer International Publishing, 2015.

[177] Giancarlo Fortino, Antonio Guerrieri and Michelangelo Lacopo et al. An agent-based middleware for cooperating smart Objects [A] // Highlights on Practical Applications of Agents and Multi-Agent Systems [M]. Springer Berlin Heidelberg, 2013.

[178] Razzaque M. A., Milojevic-Jevric M. and Palade A., et al. Middleware for Internet of Things: A survey [J]. Internet of Things Journal IEEE, 2016, 3 (1): 70-95.

[179] R. Mordinyi. Semantic event correlation using ontologies [C]. Confederated International Conferences, Springer-Verlag, 2009.

[180] Modoni G. E., Veniero M. and Trombetta A., et al. Semantic based events signaling for AAL systems [J]. Journal of Ambient Intelligence and Humanized Computing, 2017 (1): 1-15.

[181] Gyrard A., Bonnet C. and Boudaoud K. Enrich machine-to-

machine data with semantic web technologies for cross-domain applications [C]. 2014 IEEE World Forum on Internet of Things (WF-IoT), IEEE, 2014.

[182] Kádár B., W. Terkaj and M. Sacco. Semantic virtual factory supporting interoperable modelling and evaluation of production systems [J]. CIRP Annals Manufacturing Technology, 2013, 62 (1): 443-446.

[183] Tolio T., Ceglarek D. and Elmaraghy H. A., et al. SPECIES—Co-evolution of products, processes and production systems [J]. Cirp Annals Manufacturing Technology, 2010, 59 (2): 672-693.

[184] Dilts D. M., Boyd N. P. and Whorms H. H. The evolution of control architectures for automated manufacturing systems [J]. Journal of Manufacturing Systems, 1991, 10 (1): 79-93.

[185] Brussel H. V., Wyns J. and Valckenaers P., et al. Reference architecture for holonic manufacturing systems: PROSA [J]. Computers in Industry, 1998, 37 (3): 255-274.

[186] Katasonov A., Kaykova O. and Khriyenko O., et al. Smart semantic middleware for the internet of things [C]. International Conference on Icinco. DBLP, 2008.

[187] Wang S., Wan J. and Zhang D., et al. Towards smart factory for Industry 4.0: A self-organized multi-agent system with Big Data based feedback and coordination [J]. Computer Networks, 2016, 101 (4): 158-168.

[188] Rocha A., Orio G. D. and Barata J., et al. An agent based framework to support plug and produce [C]. 12th IEEE International Conference on Industrial Informatics (INDIN'14), IEEE, 2014.

[189] Leit O. P., Restivo F. ADACOR: A holonic architecture for

agile and adaptive manufacturing control [J]. Computers in Industry, 2006, 57 (2): 121–130.

[190] Bellifemine F., Poggi A. and Rimassa G. Developing multi-agent systems with JADE [C]. Intelligent Agents VII. Agent Theories Architectures and Languages, 7th International Workshop, ATAL 2000, Boston, MA, USA, July 7–9, 2000, Proceedings, Springer Berlin Heidelberg, 2000.

[191] Leitão P., N. Rodrigues and C. Turrin, et al. Multiagent system integrating process and quality control in a factory producing laundry [J]. IEEE Transactions on Industrial Informatics 11, 2015 (4): 879–886.

[192] Xu X., Wang L., Newman S. T. Computer-aided process planning—A critical review of recent developments and future trends [J]. International Journal of Computer Integrated Manufacturing, 2011, 24 (1): 1–31.

[193] Yusof Y., Latif K. Survey on computer-aided process planning [J]. The International Journal of Advanced Manufacturing Technology, 2014, 75 (1–4): 77–89.

[194] Steudel, Harold J. Computer-aided process planning: Past, present and future [J]. International Journal of Production Research, 1984, 22 (2): 253–266.

[195] Alting L., Zhang H. Computer aided process planning: The state-of-the-art survey [J]. International Journal of Production Research, 1989, 27 (4): 553–585.

[196] Xu X., Wang L., Newman S. T. Computer-aided process planning—A critical review of recent developments and future trends [J]. International Journal of Computer Integrated Manufacturing, 2011, 24 (1): 1–31.

[197] Weill R., Spur G. and Eversheim W. Survey of computer-aided process planning systems [J]. CIRP Annals-Manufacturing Technology, 1982, 31 (2): 539-551.

[198] Tate A. A Review of knowledge-based planning techniques [J]. The Knowledge Engineering Review, 1984, 1 (2): 4-17.

[199] Steudel, Harold J. Computer-aided process planning: Past, present and future [J]. International Journal of Production Research, 1984, 22 (2): 253-266.

[200] Liao S. H. Knowledge management technologies and applications—Literature review from 1995 to 2002 [J]. Expert Systems with Applications, 2003, 25 (2): 155-164.

[201] Duflou J. R., József Váncza, Aerens R. Computer aided process planning for sheet metal bending: A state of the art [J]. Computers in Industry, 2005, 56 (7): 747-771.

[202] Tisza M. Recent achievements in computer aided process planning and numerical modelling of sheet metal forming processes [J]. Journal of Achievements in Materials and Manufacturing Engineering, 2007 (24): 435-442.

[203] Ángel García-Crespo, Belén Ruiz-Mezcua and José Luis López-Cuadrado, et al. A review of conventional and knowledge based systems for machining price quotation [J]. Journal of Intelligent Manufacturing, 2011, 22 (6): 823-841.

[204] Wang H., Rong Y. and Li H., et al. Computer aided fixture design: Recent research and trends [J]. Computer Aided Design, 2010, 42 (12): 1085-1094.

[205] Li B. M., Xie S. Q. and Xu X. Recent development of knowledge-based systems, methods and tools for One-of-a-Kind Production [J]. Knowledge Based Systems, 2011, 24 (7): 1108-1119.

[206] Tripathi K. P. A review on knowledge-based expert system: Concept and architecture [J]. IJCA Special Issue on Artificial Intelligence Techniques-novel Approaches & Practical Applications, 2011 (4): 19-23.

[207] Xu X., Wang L. and Newman S. T. Computer-aided process planning—A critical review of recent developments and future trends [J]. International Journal of Computer Integrated Manufacturing, 2011, 24 (1): 1-31.

[208] Sahin S., Tolun M. R. and Hassanpour R. Hybrid expert systems: A survey of current approaches and applications [J]. Expert Systems with Application, 2012, 39 (4): 4609-4617.

[209] Isnaini Mohammad Mi, Apos, Radj and Shirase, Keiichi. Review of computer-aided process planning systems for machining operation: Future development of a computer-aided process planning system (Special Issue on CAD, CAM, and digital engineering [J]. International Journal of Automation Technology, 2014 (8): 317-332.

[210] Yusof Y., Latif K. Survey on computer-aided process planning [J]. The International Journal of Advanced Manufacturing Technology, 2014, 75 (1-4): 77-89.

[211] Monostori L., Valckenaers P., Dolgui A., et al. Cooperative control in production and logistics [J]. Annual Reviews in Control, 2015 (39): 12-29.

[212] A. Kusiak. Smart manufacturing [J]. International Journal of Pro-

duction Research, 2018, 56 (1-2): 508-517

[213] Moghaddam M., Nof S. Y. The collaborative factory of the future [J]. International Journal of Computer Integrated Manufacturing, 2017, 30 (1): 23-43.

[214] Thoben K. D., Wiesner S. and Wuest T. "Industrie 4.0" and smart manufacturing—A review of research issues and application examples [J]. International Journal of Automation Technology, 2017, 11 (1): 4-16.

[215] Giovannini A., Aubry A. and Panetto H., et al. Anti-logicist framework for design-knowledge representation [J]. Annual Review in Control, 2015, 39 (3): 144-157.

[216] Ollero A., Morel G. and Bernus P., et al. Milestone report of the manufacturing and instrumentation coordinating committee: From MEMS to enterprise systems [J]. Annual Reviews in Control, 2002, 26 (2): 151-162.

[217] Leitao P. Agent-based distributed manufacturing control: A state-of-the-art survey [J]. Engineering Applications of Artificial Intelligence, 2009, 22 (7): 979-991.

[218] G. Morel, P. Valckenaers and J. M. Faure, et al. Manufacturing plant control challenges and issues [J]. Control Engineering Practice, 2007 (15/11): 1321-1331.

[219] Esmaeilian B., Behdad S. and Wang B. The evolution and future of manufacturing: A review [J]. Journal of Manufacturing Systems, 2016 (39): 79-100.

[220] H.-X. Li, H. Si. Control for intelligent manufacturing: A multi-scale challenge [J]. Engineering, 2017 (3): 608-615.

[221] M. Colledani, T. Tolio and A. Fischer, et al. Design and

management of manufacturing systems for production quality [J]. Cirp Annals Manufacturing Technology Keynote Paper of STC O, 2014, 63 (2): 773-796.

[222] Dilts D. M., Boyd N. P. and Whorms H. H. The evolution of control architectures for automated manufacturing systems [J]. Journal of Manufacturing Systems, 1991, 10 (1): 79-93.

[223] Morel G., Panetto H. and Zaremba M., et al. Manufacturing enterprise control and management system engineering: Paradigms and open issues [J]. Annual Review in Control, 2003, 27 (2): 199-209.

[224] Nayak A., Levalle R. R. and Lee S., et al. Resource sharing in cyber-physical systems: Modelling framework and case studies [J]. International Journal of Production Research, 2016, 54 (23-24): 6969-6983.

[225] B. Monostori, T. Kádár and S. Bauernhansl, et al. Cyber-physical systems in manufacturing [J]. CIRP Annals - Manufacturing Technology, 2016 (65): 621-641.

[226] O. Cardin. Classification of cyber-physical production systems applications: Proposition of an analysis framework [J]. Computers in Industry, 2019 (104): 11-21.

[227] Nof S. Y. Collaborative control theory for e-Work, e-Production, and e-Service [J]. Annual Reviews in Control, 2007, 31 (2): 281-292.

[228] M. Moghaddam, S. Y. Nof. The collaborative factory of the future [J]. International Journal of Computer Integrated Manufacturing, 2017, 30 (1): 23-43.

[229] B. Iung, E. Levrat and A. Crespo Marquez, et al. Conceptual framework for e-maintenance: Illustration by e-maintenance technologies and platform [J]. Annual Review in Control, 2009, 33 (2): 220-229.

[230] J. Lee, B. Bagheri and H. -A. Kao. A cyber-physical system architecture for Industry 4. 0-based manufacturing systems [J]. Manufacturing Letters, 2015 (3): 18-23.

[231] Lee J. , Lapira E. and Bagheri B. , et al. Recent advances and trends in predictive manufacturing systems in Big Data environment [J]. Manufacturing Letters, 2013 (1): 38-41.

[232] Elangovan M. , Sakthivel N. R. and Saravanamurugan S. , et al. Machine learning approach to the prediction of surface roughness using statistical features of vibration signal acquired in turning [J]. Procedia Computer Science, 2015 (50): 282-288.

[233] Davis J. , Edgar T. and Graybill R. , et al. Smart manufacturing [J]. Annual Review of Chemical and Biomolecular Engineering, 2015 (6): 141-160.

[234] Loyer J. -L. , Henriques E. and Fontul, et al. Comparison of machine learning methods applied to the estimation of manufacturing cost of jet engine components [J]. International Journal of Production Economics, 2016 (178): 109-119.

[235] Wuest, Thorsten. Identifying product and process state drivers in manufacturing systems using supervised machine learning [M]. Springer theses, 2015.

[236] Smola A. , Vishwanathan S. Introduction to machine learning [M]. Cambridge: Cambridge University Press, 2008.

[237] Larose D. Discovering knowledge in data: An introduction to data mining [M]. Hoboken, NJ: Wiley, 2005.

[238] Samuel A. L. Some studies in machine learning using the game

of checkers [J]. Ibm Journal of Research and Development, 1959, 3 (3): 211-229.

[239] Alpaydin E. Introduction to machine learning [M]. Cambridge, MA: MIT Press, 2010.

[240] Pham D. T. , Afify A. A. Machine-learning techniques and their applications in manufacturing [J]. Proceedings of the Institution of Mechanical Engineers, Part B: Journal of Engineering Manufacture, 2005, 219 (5): 395-412.

[241] Yang K. and Trewn, J. Multivariate statistical methods in quality management [M]. New York, NY: McGraw-Hill, 2004.

[242] Widodo A. , Yang B. S. Support vector machine in machine condition monitoring and fault diagnosis [J]. Noise & Vibration Worldwide, 2008, 21 (6): 2560-2574.

[243] Kotsiantis S. B. Supervised machine learning: A review of classification techniques [J]. Informatica, 2007 (31): 249-268.

[244] Manning C. D. , Raghavan P. and Schütze, H. An introduction to information retrieval [M]. Cambridge: Cambridge University Press, 2009.

[245] Pham D. T. and Afify, A. A. Machine-learning techniques and their applications in manufacturing [J]. Proceedings of the Institution of Mechanical Engineers. Part B: Journal of Engineering Manufacture, 2005 (219): 395-412.

[246] Nilsson N. J. Introduction to machine learning [M]. Stanford, CA, 2005.

[247] Lu S. C. -Y. Machine learning approaches to knowledge synthesis and integration tasks for advanced engineering automation [J]. Computers in In-

dustry, 1990 (15): 105-120.

[248] Herbert A. Simon. Why should machines learn? [J]. Machine Learning, 1983: 25-37.

[249] Kwak D. S., Kim K. J. A data mining approach considering missing values for the optimization of semiconductor-manufacturing processes [J]. Expert Systems with Application, 2012, 39 (3): 2590-2596.

[250] Wuest T., Liu A., Lu C. Y., et al. Application of the stage gate model in production supporting quality management [J]. Procedia Cirp, 2014 (17): 32-37.

重要术语索引

W

X

Y

Z